구름을 벗어난 달처럼

국립중앙도서관 출판예정도서목록(CIP)

구름을 벗어난 달처럼 / 김숙영 [지음]. -- [파주] : 범우사, 2017

p. ; cm

ISBN 978-89-08-12429-5 03810 : ₩12000

한국 현대 수필[韓國現代隨筆]

814.7-KDC6

895.745-DDC23   CIP2017027675

김숙영 수필집

구름을 벗어난 달처럼

범우사

책을 내면서

몇 년 전 『사박걸음으로 가오리다』를 출간하여 남편의 칠순을 축하했습니다. 부부가 살아온 이야기, 성지순례 이야기를 엮어 책을 내고 얼마나 부끄러웠는지 모릅니다. 부족한 부분이 많아 다음에는 좀 더 나은 글을 쓰겠다고 다짐했습니다. 그러나 지금 똑같은 자리에서 맴돌고 있는 자신을 발견합니다.

용기를 내어 두 번째 책을 출간합니다. 언젠가 지나가는 소소한 이야기로 감사한 인연의 무게, 연꽃 피우며 살아가는 즐거움, 지나온 행복한 시절, 가족 나들이, 아름다운 절 이야기를 『구름을 벗어난 달처럼』으로 엮어 보았습니다.

단순하고 고요한 내 안의 삶을 가치 있는 삶으로 이끌어 주시며 아름답게 승화시켜 수필의 길을 열어 주신 박영수 교수님, 부족한 글을 쓰도록 곁에서 읽어 주며 용기를 준 딸, 첫 번째 독자로 많은 응원을 해 준 남편과 가족들에게 감사드립니다.

다음 책을 펴낼 때는 노년의 아름다운 삶을 글로 노래

하며, 좀 더 성숙한 글로 써보려고 합니다. 많이 격려해 주시기 바랍니다.

수필집이 나오기까지 힘써주신 모든 분께 감사드리며, 이 책과 마주하는 귀한 인연들께서도 행복하시길 바랍니다.

김숙영 바라밀 합장

구름을 벗어난 달처럼

차례

제 1 부 장미 백 송이

제 2 부 구름을 벗어난 달처럼

제 3 부 설거지와 명품인생

제 4 부 동해 나들이

제 5 부 깨달음의 숲

1부

장미 백 송이

사람들은 저마다 꽃을 피운다.

장미처럼 화려하게 삶을 꽃피우는 이,

야생화처럼 살포시 은은한 향기를 피우는 이가 있다.

나는 언제 꽃을 피웠나.

장미 백 송이

장미가 가득 핀 원피스를 입었다. 이 옷은 기분 좋을 때 입는 애장품 중의 하나다. 마음이 답답할 때, 기분 전환을 하고 싶을 때도 원피스 위에 빨간 스웨터를 같이 입으면 상쾌해진다. 보는 사람마다 예쁘다고 환호한다. 옷의 앞뒤로 핀 장미를 세어 보았다. 붉은 장미 백송이가 피어 있다. 장미의 꽃말처럼 열렬한 사랑으로 마음을 꽃피우고 싶어지는 옷이다.

결혼 초에 재래시장에서 샀다. 긴 드레스라 집안에서 살림할 때 입었다. 어쩌다 손님이 오고, 시어른들이 오시면 집안이 다 화사하다며 칭찬을 하셨다. 몇 년 지난 후 유행이 지나서 입기가 불편했다. 정이 많이 든 옷이라 출근할 때 입을 수 있게 정장 스타일로 무릎까지 오도록 수선했다. 입어 보니 단정하고 아름다운 원피스가 되었다. 가끔 입을 때마다 거울 앞에서 장미의 왕국으로 들어간다. 이처럼 많은 꽃이 함께 해서 기분 좋고 마음까지도 환해지는 옷이다.

사람들은 저마다 꽃을 피운다. 장미처럼 화려하게 삶을 꽃피우는 이, 야생화처럼 살포시 은은한 향기를 피우는 이가 있다. 바쁘게 살면서 어떤 삶의 꽃이 피었는지 모르고 사는 사람 또한 많은 것 같다. 나는 언제 꽃을 피웠나 생각해본다.

거울 앞에서 장미무늬 원피스 입은 모습을 보며 개구쟁이들과 꽃피우던 시절이 떠올랐다. 병아리 음악선생 때 일이다. 황철익 선생님의 '꽃 파는 아가씨'를 합창대회 곡으로 올려 1등을 했다. 어린 천사들이 무대 위에서 초롱초롱한 눈빛으로, 당당하게 꽃을 피운 날이다.

노래 제목처럼 50송이의 어린 꽃들이 만드는 화음은 천상의 소리였다. 언제나 방긋 웃는 효은이, 수줍어 평소에는 조용한 성격이나 노래할 때는 당당한 은정이, 씩씩하고 남자답게 목청 높여 부르던 동찬이, 여학생처럼 곱게 생긴 용택이, 합창 반주부터 노래까지 다 잘하는 선우까지 사랑스러운 제자들의 얼굴이 떠오른다

많은 꽃들의 함성이 아름다운 화음을 이루었다. 이처럼 함께 하는 꽃들은 향기롭다. 옛 합창단의 노랫소리가 애틋한 사랑으로 들려온다. 그들은 어디선가 삶의 꽃을 피우며 살아가리라 생각한다. 꼬마 천사들은 소리로써 표현했지만, 꽃들은 향기로 말한다. 꽃의 향은 종류에 따라 모두 다르다. 장미의 그윽한 향은 사랑을 노래한다. 주변의 야생화들까지 은은한 향으로 이야기한다. 원피스의 장미들도 서로를 마주 보며 화음으로 같이 한다.

돌아보면 아들 딸 낳고 피운 꽃이 가장 아름다운 꽃이

었다. 가정을 이루며 핀 두 송이의 꽃은 무지개 빛깔로 아름다웠다. 입학, 졸업, 결혼 다양한 삶의 향기로 말하며 기쁨을 주었다. 꽃들은 지금도 내 곁에서 '어머니건강하세요' 하며 속삭여준다. 친정어머니가 가꾸어 주신 다섯 송이 꽃도 활짝 피었다. 부처님께 발원하며 오남매의 연꽃을 가꾸셨다. 이제 극락에 계시지만 연꽃의 향으로 어머님께 감사하다고 이야기한다.

아름다운 마음으로 향기로운 꽃을 피우는 이들도 많다. 인생의 선배인 어르신들께 감사하며 식사를 준비하는 천사 같은 언니들, 자식 없는 분들을 돌보며 반찬을 보시하는 봉사 단원들, 요양원에서 예술로 재능 기부하는 예술인들, 장애인을 돌보는 거룩한 분들도 귀한 향기 꽃을 피우는 이들이다.

아파트에서 청소하시며 언제나 활짝 웃는 아주머니를 본다. 본인 일을 성실히 하시는 모습 속에서 따뜻한 꽃이 핀다. 직장에서 힘들게 일하며 보람의 꽃을 피우는 이들도 많다. 이처럼 아름다운 꽃들은 온 세상을 밝게 해준다. TV를 보면 꽃을 밟는 무서운 사건들이 종종 나온다. 마음을 열고 하심下心으로 살다 보면 한순간 마을을 돌리면 꽃이 보인다고 생각되며 안타깝다.

옷 색깔도 어두운 색보다는 밝은 색을 권하고 싶다. 산천초목을 보자 환한 빛을 보며 자란다. 파란 하늘에는 하얀 구름 꽃이 핀다. 이처럼 밝은 곳에서 꽃 피고 열매를 맺는다. '옷 잘 입고 미운 여자 없다.'는 옛말이 있다. 옷을 잘 입으면 누구든지 예뻐 보인다는 말이다. 잘 입는다는 말은 비싼 옷을 표현했다고는 생각하지 않는다.

내가 즐겨 입는 백 송이 장미 원피스는 비싼 옷은 아니지만 입고 있으면 아름다워 보인다. 그 속엔 주부로, 엄마로, 음악 선생으로 살아온 40년의 세월이 잉걸불이 되어 타오른다. 이보다 더 마음을 같이하는 애장품이 있을까 생각해본다. 오늘은 빨간 장미 원피스와 꽃을 피우며, 기분 좋은 하루를 맞이해 보련다.

오일장 풍경

괴산 장날이다. 가족과 함께 괴산 장터를 찾았다. 상인들이 좌대에 먹거리를 맛깔스럽게 쌓아놓고 장맞이를 한다. 서울에서 놀러 온 손자, 손녀는 신기한 듯 돼지머리를 삶아 진열한 곳에 서 있다. 높은 곳에 걸어 놓은 옷가지를 쳐다보고 각종 신발을 파는 곳에서도 발걸음을 멈춘다. 재미있다고 생각했는지 신나게 장터를 쏘다니며 구경을 한다. 장터를 찾은 노부부를 보며 나와 눈을 맞추고 싱긋 웃기도 한다.

남편이 손자, 손녀에게 용돈을 주었다. 소시지 튀김, 닭고기꼬치, 어묵, 솜사탕, 만두 등 흐뭇한 얼굴로 사서 먹는 손주들이 귀여웠다. 병아리, 토끼, 강아지를 파는 곳에서 손자가 강아지와 눈을 맞추며 쪼그리고 앉았다. 며느리가 다른 곳으로 가자고 해도 귀여운 강아지 한 마리를 사간다고 떼를 쓰고 있다. 강아지는 손자가 떼를 쓸 정도로 담쏙 안고 싶게 귀여웠다. 서운한 눈빛으로 강아지 앞에 앉아있는 손자에게 아파트에서는 기르기 어렵다고 설득을 해서 겨우 발길을 돌리게 했다.

시골 할머니가 괴산 특산품으로 소문난 올갱이를 큰

고무 함지박에 담아 놓고 팔고 있었다. 올갱이는 다슬기의 충청도 사투리다. 맛이 시원하고 어지럼증에 좋다며 지나가는 우리의 발걸음을 멈추게 했다. 남편이 웃으며 된장과 부추 많이 넣어 올갱이국을 끓여 먹자고 했다.

살아가는 데는 필요한 것이 정말 많다. 건강을 위해 먹어야 하고 몸을 보호하기 위해 입고 신어야 한다. 시골 장터는 따뜻함과 넉넉함이 흐른다. 먹거리를 사는 이가 싸게 달라 하면 훈훈한 인심까지도 덤으로 준다. 사람 사는 냄새가 향기롭다. 손자와 바구니 속에 갇힌 강아지는 장터를 동화 속의 그림으로 채워준다.

자연이 주는 취나물과 각종 산나물, 김, 미역, 메밀만두를 며느리에게 사 주었다. 후한 시골 인심에 며느리는 흐뭇한 표정이다. 며느리와 손잡고 다니며 도시를 벗어난 시골 장터 이야기로 꽃을 피웠다. 괴산에 사는, 마음이 넉넉한 여동생을 장터에서 만났다. 반가워하며 점심도 사주고 손주들에게 용돈도 두둑하게 주었다.

점심으로 옛날 순댓국을 먹었다. 식당에는 맛이 있다고 찾는 손님들로 가득 찼다. 오일장이 열린 날만 순댓국을 먹을 수 있어 더 많은 사람이 찾는 것 같다. 점심을 먹고 손주들이 식당에서 바삐 나갔다. 손녀는 작은 파인애플을 사기도 하고, 손자는 괴산 장에 온 기념으로 도자기 컵을 산다고 고르고 있는 모습이 정겹게 보였다. 나는 옛날 장터처럼 넓은 멍석에 쌀과 잡곡을 쌓아놓고 팔고 있는 곳이 없나, 둘러보았다. 어릴 적 할머니 손을 잡고 시골 장에 갔던 기억이 문득 떠올랐다. 6.25전쟁 직후에 태어난 우리 세대는 먹을 것이 귀한 때라 장날을 손꼽아 기다렸다.

거지 대장이 부러웠다. 넓은 멍석에 산처럼 둥그렇게 쌓아 놓은 쌀더미에서 미제 우유 깡통을 들고 "거지 대장 강창수가 쌀을 퍼갑니다" 하며, 한 깡통 가득 담아가도 인심 좋은 쌀장수 아저씨는 모르는 체 하셨다. 할머니가 되어서도 거지 이름을 외울 정도로 힘 있어 보였다. 대장의 신호에 따라 거지들이 "얼씨구절씨구 들어간다." 하며, 깡통 밥그릇을 두드리며 노래하던 모습이 생각났다. 세월이 많이 흘렀건만 인심 좋은 시골 장터는 예나 지금이나 변함이 없다. '찰각 찰각' 가위 소리를 내며 노래 부르는 엿장수가 장날 명물이었다. 장터에서 팔고 있는 효도 라디오에서 울려 퍼지는 트로트가 장날 풍경의 맛을 더해 주고 있었다.

'장날이 맏아들보다 낫다'라는 옛말이 있다. 장날에 가면 필요한 것을 다 얻을 수 있다는 뜻을 빗대는 말이다. 장날 속에는 삶이 묻어난다. 예로부터 내려오는 오일장 풍경은 서로의 인연의 끈이 되기도 하며 만남의 장도 된다. 시장설치법이 개정되면서 오일장은 물론 재래 상설시장도 슈퍼마켓과 대규모 유통매장으로 변해가고 있다. 이처럼 생활에서 멀어져 가는 장날을 옛 추억으로

만 남게 할 것이 아니라, 아름다운 문화로 지켜나가야 할 것이다.

싱글벙글 손주들은 “할머니 다음에 또 와요. 정말 재미있어요. 학교에 가서 친구들에게 자랑할래요.” 하며 엉덩춤을 추었다. 즐거워하는 손주들의 모습을 보며 ‘시골 장날 체험 학습은 효과 만점이구나. 추억을 잘 만들어 주었구나!’, 스스로 대견스럽고 흐뭇했다.

깁스한 개구쟁이

다리를 깁스한 어린이가 엄마 등에 업혀 있다. 봄을 시샘하듯 살바람과 함께 꽃비가 내린다. 추워서 코끝이 빨간 아이를 보니 40년 전 초등학교 1학년을 담임했던 때가 떠오른다.

입학식 날이었다. 지금은 컴퓨터를 보면 내 아이의 정보와 학교에 대해서 미리 알 수 있다. 그 시절에는 학교 건물 벽에 학급별로 신입생 명단을 써 붙여 놓았다. 나는 손수건을 달고 온 신입생들 가슴에 초록색 리본을 달아 주며 입학식 준비를 했다. 사회에 첫발을 딛는 1학년을 가르치는 일은 어렵다. 하얀 도화지에 꿈을 그리게 준비해 주는 날이다.

입학식 시작 10분 전이다. 명단을 확인해 보니 아직 한 어린이가 오지 않았다. 두리번거리며 신입생을 찾았다. 그때 멀리서 리어카를 밀면서 달려오는 자모가 보였다. 리어카 안에는 두 다리를 깁스한 신입생이 웃으며 의젓하게 앉아 있었다. 먼저 초록색 리본을 달아주고 사연을 여쭈어 보았다. 시가지를 동쪽과 서쪽으로 이어주는 다리에서 떨어졌다고 한다. 어처구니없고 안타까워

아이의 두 볼을 만져주고 머리를 쓰다듬어 주었다. 추워서 빠알간 얼굴에 미소가 가득했다. 초롱초롱한 눈빛과 밝고 맑은 얼굴을 잊을 수가 없다.

70년대 중반부터 80년대 초반까지 그랜다이저, 짱가, 마징거가 어린 꼬마들에게 인기가 대단했다. TV도 흔하지 않던 때다. 친구 집 TV에서 그랜다이저를 보았다고 했다. 그는 친구들과 같이 가서 제일 먼저 씩씩하게 다리 위에서 두 팔을 벌리고 그랜다이저처럼 날랐다고 한다. 결과 두 다리를 깁스하는 일이 벌어졌다. 방송 매체는 우리가 살아가는데 큰 자리를 차지한다. 어머니가 바쁘셔서 돌보지 못한 사이에 벌어진 위험한 일이다.

아이들은 시한폭탄과 같다. 잠깐 방심하다 보면 재미있는 일도 있지만 무서운 일들이 따르기도 한다. 모두가 우리 어른들의 책임이라고 생각한다.

입학식이 끝나고 그 신입생의 어머니가 말했다. "선생님, 까막눈 안 만들려고 데리고 왔습니다. 제가 채소 장사를 해서 바쁩니다. 잘 부탁드리겠습니다." 나는 자모님의 손을 꼭 잡으며 웃음으로 대답했다. 그날 그 어머니의 모습에서, 남편 없이 아들을 위해 힘들게 살면서도 흐뭇해하시는 표정을 보았다. 어머니의 사랑과 은혜였다.

입학식 다음날 제자는 나보다도 더 일찍 학교에 와 있었다. 맨 앞자리에 앉아서도 장난이 심했지만, 명랑한 성격이라 좋았다. 둘째 시간이 끝날 무렵 그를 살펴보았다. 맑은 눈에 눈물이 그렁그렁 맺혀 있었다. 화장실에 가고 싶은 표정이다. 남학생이지만 여자 선생님들이 사용하시는 화장실로 안고 갔다. 아뿔싸, 소변과 대변이 같이 나왔다. 미안해 하는 표정을 보며, "괜찮아, 다음에 화장실에 가고 싶을 때는 얼른 선생님에게 이야기해" 하고 안심을 시켜주었다. 화장실을 데리고 가려면 아이가 정말 무거웠다. 개구쟁이 제자는 선생님께 안겨 마냥 좋아 했다. 2개월 동안 어떻게 그 일을 해 냈는지, 나 자신이 대견스럽기도 하다.

어머니와 나의 배려로 별 문제 없이 한 학기를 마치게 되었다. 제법 글도 잘 읽고 쓰게 되었다. 수업이 끝나고 집으로 가기 전 에는 항상 그랜다이저와 짱가 노래를 반 학생 전체가 부르게 했다. 깁스 했던 그 아이는 노래에 맞추어 엉덩춤까지 추었다. 노래를 부르는 맑은 눈빛의 천사들의 소리가 지금도 귀에 들리는 것 같다.

방학 중 일직이라 교무실에 있을 때였다. 그 학생이 자기 머리보다 더 큰 수박 한 통을 들고 웃으며 서 있었다. 옆에는 어머니도 같이 계셨다. 수박을 같이 나누어 먹으며 다시는 높은 데서 뛰어내리지 않기로 약속도 했다.

지금 생각해보면 끔찍하다. 다행히 지나가던 할아버지가 병원으로 바로 데리고 가셨다고 한다. 할아버지의 관심으로 귀염둥이가 훌륭한 나무가 되었다. 아름다운 화초와 나무가 열매 맺고 꽃을 피우는 일을 가정과 학교에서 하고 있다. 힘들었지만 보람 있었던 학교생활을 되돌아본다. 제자들에게 사회에 필요한 열매를 맺게 하고 꽃밭을 만드는 일을 부모님들과 같이했다는 생각이 든다.

갑스 했던 학생이 경찰이 되었다는 이야기를 들었다. 용감하게 자란 제자에게 어울리는 직업을 잘 선택 한 것 같아 흐뭇했다. 어디선가 꽃을 피우며 밝은 사회건설을 위해 봉사하고 있으리라고 믿는다.

바가지 변주곡 *

깨진 바가지가 눈에 들어온다. 음식물 찌꺼기를 버리려고 보니 신혼 시절에 사용하던 것과 똑같은 바가지가 버려져 있다. 바가지를 보며 옛 추억을 곱씹어 본다.

어릴 적 시골에서 자랐다. 처마 밑에 박을 심어 주렁주렁 달리면 누구네 것이 더 큰가 비교하며 구경하러 다녔다. 박이 영글면 따서 속을 파낸 후 삶아 말리어 바가지를 완성했다. 우리 집도 어머니가 바가지를 만들어 양지쪽 벽에 걸어 놓으셨다. 크기와 모양이 제각각이며 올망졸망 걸려있는 모습이 흡사 예술품 전시장 같았다. 집집이 바가지가 많으면 부자라고, 벽에 걸어 놓고 말리며 자랑을 했다. 6.25 전쟁으로 인해 모든 것이 귀한 때였다. 그릇도 많지 않아 작은 바가지에 반찬을 담기도 했다. 큰 바가지에 여럿이 먹도록 비벼놓은 비빔밥은 꿀맛이었다.

초등학교에 같이 다니던 친구 중에는 사내아이들이 많았다. 특별한 장난감이 없어서 고무줄 새총으로 참새도 잡고, 감나무에 열려 있는 감을 쏘아 떨어뜨리기 내기를

* 변주곡 Variation-하나의 일정한 주제를 살리며 여러 가지 형태의 새로운 변주를 만들어 내는 곡.

하다가 어른들께 꾸중도 들었다.

하루는 옆집 동생이 새 총을 잘못 쏘아 벽에 걸려 있는 잘 마른 큰 바가지를 깼다. 단막극이 시작되었다. 무서운 큰 목소리의 어머니가 등장했다. 이웃집 동생이 꾸중 들을까봐 내가 깼다고 거짓말을 했다. 어머니가 회초리를 들으셨다. 계집애가 사내아이 같다고 하며 언성이 높아지기 시작했다. 그때 할아버지께서 큰기침을 하며 나오셔서 "그만해라." 하시니 단막극은 막을 내렸다. 손자가 없어서 그런지 나는 할아버지의 귀한 보물이었다. 깨진 바가지를 어머니는 만지고 계셨다. 하릴없는 일이었다. 누구든 본인의 애장품이 사라질 때는 서운해 한다. 살림 밑천이 한 순간에 날아갔으니 무척 안타까우셨으리라 생각된다.

어린 시절, 50년대에는 나라 살림이 어려워 거지들이 많았다. 그들은 이 마을 저 마을로 먹을 것을 얻으러 다녔다. 어느 날 거지 한 명이 여기저기 실로 꿰맨 더러운 바가지를 들고 와서 구걸했다. 거지의 반쯤 풀린 눈동자에 그렁그렁 매달린 슬픔이 보였다. 불쌍해서 어머니께 새 바가지에 밥을 주라고 떼를 썼다. 어머니의 배려로 밥을 얻은 거지가 봉실봉실 웃으며 엉덩춤을 추며 가는 모습이 살갑게 보였었다. 불자이신 어머니는 단골 거지가 올 정도로 어려운 사람에게 보시하는 삶을 사셨다.

보시는 경제적인 보시도 있지만 친절한 말, 따뜻한 눈빛 주기, 내 자리 양보하기 등 주변에서 찾아보면 많이 있다. 그날 어머니는 거지가 살아가는 데 꼭 필요한 바가지까지 보시하신 따뜻한 분이셨다. 누구든 베풀며 사는 삶이 행복한 줄 알지만, 실천하기란 생각처럼 그렇게 쉬운 일이 아니다. 생활 속에서 주변을 보고 친절하다 보면 저절로 보시의 삶이 보인다. 나도 어머니처럼 살아 보려고 마음은 항상 열어 놓고 있지만, 마음일 뿐 생각처럼 쉽게 행동으로 옮기지 못하고 있다.

'바가지 거름을 주면 농사 망친다.'라는 말이 있다. 한꺼번에 많은 거름을 주면 농작물이 죽어버린다는 교훈이다. 지금은 자녀를 위한다고 하며 과잉 사랑으로 무조건 많은 것을 주는 시대다. 부모가 앞서서 어려움을 막아준다면 그들은 온실 속에 화초가 된다. 약간의 비바람에도 쓰러지는 안타까움이 있을 것이다. TV에서 우리나라 굴지의 재벌들이 자식 때문에 고개 숙이며 등장하는 모습이 가끔 방영된다. 바가지 거름의 옛말처럼 자식을 키워서 생긴 사건들이지 싶다.

옛 말속에는 조상들의 지혜가 담겨 있다. '바가지를 긁는다.' '바가지를 씌운다' 등은 지금도 생활하면서 삶의 변주곡으로 많이 듣는 소리다. 문명의 발달과 생활의 변화에 따라 시나브로 바가지는 많이 사용하지 않고 있지만 귀한 그릇에 담겨 있던 인생의 변주곡은 남아 있다. 버려진 바가지를 보며 어릴 적에 같이 놀던 친구들을 사랑으로 그려본다.

봄 향기로 부르는 아리아

꽃샘바람이 살갑다. 나목에 움트는 새순과 봄꽃, 봄나물이 아리아를 부르며 트리오로 연주하는 듯하다. 아파트 베란다에서 살포시 웃는 돌단풍과 앵초의 앙증맞은 자태는 내 마음을 환하게 밝히는 사랑의 멜로디다.

우리네 삶도 어려움을 이겨내다 보면 검불 속에서 피어나는 개나리처럼 봄날이 찾아온다. 겨울잠을 깨고 진달래가 피듯이 삶의 꽃은 때가 오면 환하게 피어나 마음을 밝게 해준다.

아파트 정원의 나뭇가지에 새순이 나와 연녹색 빛이 감돌며 봄의 서곡을 연주한다. 크고 작은 나무들은 개성적인 아름다움으로 봄의 향연을 준비하느라 바쁘다. 싱그러운 나뭇잎, 봄나물, 개나리, 진달래, 목련, 생각만 해도 마음이 설레며 봄나들이를 하고 싶어진다. 까치와 종달새도 오르락내리락하며 봄을 맞이한다.

돌아가신 아버지께서는 봄을 제일 먼저 알리는 매화꽃을 무척 좋아하셨다. 옛 선비들이 소중하게 여긴 꽃이라 하시며, 봄이 되면 화단에 핀 흰매화를 예찬하셨다. 매화꽃은 사랑을 상징하는 꽃 중에 최고의 꽃이라며 한 시를 지어 읽어 주시기도 하셨다. 매서운 칼바람 속에서 피어나는 꽃이기에, 자식들에게 그 강인한 정신력을 일깨워주려 하셨던 것일까. 매화꽃은 희고 보드라운 꽃잎 다섯 장, 빨간 꽃받침이 꽃을 장식해 준다.

베란다 정원에서부터 울려 퍼지는 봄 향기 아리아는 동네 어귀 무심천 제방 길로 번져 나간다. 살랑거리는 봄바람과 함께 개나리와 벚꽃의 앙상블에 내가 주인공이 되어 흥건히 젖고 만다. 마음 한구석 스산한 바람으로 겨우내 움츠렸던 내 마음에 활력이 넘쳐난다. 아파트 정원의 라일락꽃이 뿜어내는 향기도 빠질 수 없는 봄 선물이다.

봄은 유치원 귀염둥이부터 젊은 연인들, 황혼기에 있는 우리까지 몸속에 숨겨 둔 새순을 살며시 내밀며 기지개를 켠다. 그들은 봄의 향기로 노래하며 걸음걸이부터 다르다. 삶의 행복을 위해 봄옷으로 갈아입고, 마음속이 봄꽃을 피우며 밝은 모습이 된다. 나 또한 봄이 되면 새로운 인생의 지표를 세우며 봄의 향기와 함께 정진하는 삶을 시작한다.

어렸을 때 어머니와 함께 개천 비탈길 옆 묵정밭으로 봄나물을 캐러 다니던 생각이 난다. 땅속에 숨어있던 냉이가 나를 반겼다. 쑥은 이름 그대로 땅속에서 쑤욱 나와 따스한 봄 햇살과 속삭이고 있었다. 생기 있는 봄나물의 새싹을 보며 어머니와 함께 한 바구니 가득 봄나물을 뜯으며 신이 났다. 어머니가 해주시는 봄나물 요리는 식구들에게 최고의 별미를 선사했다. '봄떡은 꿈에만 보아도 살찐다.'라는 옛말이 있다고 하시며, 쑥버무리를 해 주시던 할머니도 보고 싶다.

시장에서 봄나물을 파는 할머니 얼굴에도 따뜻한 봄은 찾아온다. 달래, 냉이, 씀바귀, 꽃다지 등 여러 종류의 나물들이 할머니의 손길과 함께 봄을 만끽하게 해 주며 인생의 심포니가 울려 퍼진다. 향기와 깊은 맛은 물론 새 출발의 희망과 너그러움까지 같이 연주하며 봄의 아리아를 부른다.

우리 주변에는 삶의 봄 향기를 뿜어내는 꼬마 천사들이 많이 있다. 순수한 마음을 가득 담은 얼굴로 하얀 도화지 위에 봄을 그리는 천사들이다. 이들에게서 새 봄맞이할 때 마음처럼 봄꽃을 찾고 봄의 소리를 들어야 한다. 어른들의 이기심으로 어두운 그늘 속에서 봄의 향기를 잃어버리는 천사들이 있어서는 안 된다. 새 학년이 되어 부푼 꿈을 꾸는 어린 천사들에게 봄의 꽃을 피울 수 있도록 마음을 열어 주어야겠다.

봄은 꽃바람과 함께 물 흐르는 냇가, 골짜기 산허리를 돌아 아파트 화단까지 꽃을 피우며 봄의 향기로 아리아를 부른다. 우리 집 식탁 위의 달래, 냉이, 꽃다지도 트리오로 연주하며 하모니를 이룬다.

평생을 멜로디에 묻혀 살아온 내게, 알록달록한 봄 향기는 마치 아리아의 향연 같다.

아버지의 깊은 사랑

아버지의 기제 날이 가까워져 온다. 아버지께서는 호랑이처럼 무서우셨지만, 크리스마스 선물로 빨간 스웨터도 사주신 따뜻한 분이시다.

추억이 가장 많은 여고 시절에 생뚱맞은 사건이 벌어졌다. 아버지께서 연구사로 계실 때 우리 학교에 오셔서 교감 선생님과 같이 복도를 지나가고 계셨다. 그때를 생각하면 등이 오싹해진다. 일찍 학교에 가 뒤쪽에 앉았던 내 친구들, 누가 먼저라고 할 것도 없이 음식 냄새를 피우며 도시락을 먹었다.

음식 만드는 일은 모든 어머니의 사랑과 인생이 담겨 있다. 내 어머니도 도시락을 준비하시며 행복하셨으리라 생각해 본다. 정성껏 만드신 반찬에다 가족들 몰래 달걀부침을 밥 위에 얹어 주셨던 생각도 난다. 소욕지족少欲知足, 작은 것 일상적인 사소한 일 속에서 행복과 사랑의 씨앗을 심으셨다.

담임 선생님께서 1교시에 수업이 있어 교실에 들어 오셨다. "도시락 꺼내 놓고 뚜껑 열고 두 손 머리 위." 하셨다. 앞뒤 생각하지 않고 일을 벌인 나와 내 친구들은 '걸

렸구나!' 하며 눈으로 사인을 보냈다. 결국, 선생님이 들고 계시던 출석부로 한 대씩 맞고 복도로 쫓겨났다. 빈 도시락을 펴놓고 다섯 명이 손을 들고 꿇어앉았다. 이때 아버지가 지나가셨다. 교감 선생님께서 "이놈들 아침부터 냄새를 피웠구나!" 하시며 웃으셨다. 분명 아버지께서 보셨을 거라고 믿은 나는 죽을 만큼 불안했다. 지금 같으면 크게 꾸중 들을 일은 아닌 것도 같다.

시나브로 도시락이 없어지고 급식시대가 되었다. 맞벌이하는 어머니들에게 점심을 학교에서 제공하는 것은 바쁜 생활에 많은 도움을 주고 있다. 어떤 어린이가 소풍날 '아직도 김밥을 집에서 싸오냐' 하며, 친구에게 핀잔을 주었다는 이야기를 들었다. 예전엔 소풍 운동회 날이면 김밥을 많이 준비해서 집안 파티도 했다. 주부들끼리 모여 솜씨 자랑도 하고 사랑 듬뿍 담긴 이야기꽃도 피웠었다. 시대가 바뀌며 학창시절 어머니의 따뜻한 도시락은 사라진다. 제행무상諸行無常을 느끼게 한다.

아버지가 퇴근하셔서 "오늘 일이 있어서 너의 학교에 갔었다." 하셨다. 숨소리도 못 내고 있는데, "네가 공부도 잘하고 착하다고 칭찬 하시더라" 하시며 웃으셨다. 나는 친구들과 똑같은 교복을 입고 벌을 받고 있어서 들키지 않았다고 좋아했다. 아버지는 돌아가시는 날까지 그 일을 묻어 주셨다. 본인 자식을 몰라보는 부모는 없다. 그런데 꾸중은커녕 칭찬으로 감싸주시며 사랑을 베풀어 주셨다.

'아버지는 뼈 어머니는 살'이라는 속담이 있다. 아버지는 자식의 뼈를 만들고 어머니는 자식의 살을 만든다는 이야기다. 아버지께서는 내 몸속 뼈는 물론 인생의 지표가 되는 단단한 뼈도 칭찬으로써 만들어 주신 분이시다. 학생들에게는 "눈에 보이는 것에 집착하지 말아라. 꿈을 키워야 한다", 하셨다고 아버지 제자들은 말한다. 자신의 딸인 나도 품 안에 가두어 놓지 않으셨다. '일체유심조一切唯心造 마음먹기에 달려있다.' 하시며 꿈을 주셨다. 요즈음 부모들은 지나친 차오름으로 자녀들에게 많은 스트레스를 주고 있다. 부모의 간섭이 많은 것도 사실이다. 이들을 조화롭게 하는 일이 쉽지는 않다.

아버지는 고등학교 교장으로 정년퇴임을 하셨다. 맏자식인 나는 퇴임식에 오신 분들께 감사의 말씀을 드리다가 눈물이 쏟아졌다. 아버지의 깊은 사랑을 너무 늦게 알았기 때문이다. 아버지의 사랑이 살아가는 데 큰 힘이 되고 지금에 나를 만드셨다고 생각된다. 한평생을 교육자의 길을 가신 아버지가 보고 싶다. 사랑이 듬뿍 담긴 도시락도 먹고 싶다. 아버지 기제 날을 기다리며 추억의 여고 시절을 떠올려 본다.

울타리

문학기행으로 정선에 있는 아라리 촌에 도착했다. 옛 풍속을 담은 전통가옥들과 나지막한 울타리가 정선 아리랑의 이미지로 다가온다.

대마의 껍질을 벗겨 지붕을 이은 저릅집과 널판으로 이은 너와집, 굴피집, 귀틀집이 모여 민속촌을 이루고 있다. 농기구 공방, 다양한 모습의 장승들, 물레방아, 통방아, 소나 말이 끌던 연자방아까지 옛 선인들의 삶이 고즈넉한 분위기를 풍긴다. 아라리 촌길을 걷다보니 정답게 엮어놓은 울타리가 눈에 들어온다. 살피꽃밭에는 활짝 핀 분꽃과 아기 별꽃이 웃으며 우리를 반긴다.

시골에 가보면 마을마다 낮은 담장으로 정다운 이웃이 되고, 시대의 흐름을 따라 도시에서는 아파트 벽을 타고 아름다운 이웃이 생긴다. 산골 집은 단단한 나무를 엮어 울타리를 만들고, 바람이 세찬 섬에서는 돌담을 쌓아 거센 바람에 넘어지지 않게 한다. 이런 정답고 아름다운 풍경은 조상들의 얼을 찾게 해준다.

자식들이 자랄 때는 부모가 둥지가 되어 마음껏 나래를 펴게 해준다. 성장하여 어른이 되면 늙어가는 부모에게 자식이 울타리가 되어야 한다. 황혼기가 되어 생각해 본다. 부모님께서는 어릴 적부터 성인이 되기까지 본인들의 어려움은 생각하지 않고 베품으로 자식을 대하셨다. 가정은 생각 않고 나 자신의 하고 싶은 일만 했던 이기적인 일들이 떠오른다. 대학을 졸업하고 가정을 이루고 종착역에 이르기까지 부모님께서 힘들 때마다 살펴주시며 응원해 주셨다. 나 또한 엄마가 되어 어린 새싹들이 아름다운 꽃으로 피기까지 비, 바람 막아주는 높은 담장이 되었나 돌아본다.

친정아버지께서 편찮으셔 어머니 곁을 떠나 병원으로 가시면서 하신 말씀이 생각난다. "우리 집은 울타리가 튼튼하니까 당신은 걱정 말고 천천히 와." 하시며 방을 나가신 후 영영 돌아오시지 못하고 극락으로 가셨다. 맏자식으로 정말 부모님께 무엇을 해드렸나 생각해 본다. 아버지가 요양원에 가시던 날 많이 울었다. 자식들이 있건만 힘이 되어드리지 못해 마음이 아팠다. 아버지를 위해 옷 몇 벌 사드리고 용돈 조금 드린 기억밖에 없다. 많은 것을 주시고 사랑의 울타리를 쳐주신 아버지께 감사드린다.

어머니가 아버지를 그리며 요양원에 계실 때 어머니의 마음을 편하게 해 드리기 위해 오남매가 노력하고 있었다. 나이 육십 중반 고개를 넘은 나는 구순 노모를 엄마라고 불렀다. '엄마' 하면 따뜻하고 포근하게 울타리를 치고 맘껏 날게 해주신 그 시절이 떠올라 느낌이 좋았다. 갑자기 어머니마저 돌아가시고 나니 우리 오남매의 울타리는 없어졌다. 지금도 어머니를 떠올리면 자식으로서 어머니의 울타리가 되어드리지 못했던 생각이나 가슴이 아프다. 애잔한 마음까지 든다.

아라리촌 관광을 마치고 점심으로 정선의 별미인 황기족발과 콧등치기국수를 먹었다. 정선 오일장 아라리 시장은 옛 장터의 향수를 느낄 수 있었다. 각종 산나물, 약초, 더덕, 황기 등 농가에서 직접 재배한 신선한 농작물을 바로 구매할 수 있었다. 빈대떡과 푸짐한 도토리묵 무침, 황기 족발과 맛나 보이는 과일들이 발걸음을 멈추게 했었다.

젊은 상인들은 생기 있는 목소리로 손님을 부르고, 나이가 지긋하신 어르신들은 미소로 맞이하신다. 어르신들은 먹거리를 노년의 몸으로 힘들게 팔아서 자식을 위해 사랑의 울타리를 치신다는 생각이 들었다.

거친 손이 아름답게 보여 담북장과 더덕, 산나물을 사서 준비해간 시장 주머니에 넣었다. 할머니의 포근함이 주머니 속에 같이 담겼다.

레일바이크를 타면서 바라본 아우라지는 뗏목을 타고 행상을 떠나, 다시 돌아오지 않는 임을 그리는 사랑의 눈물 젖은 울타리로 보였다. 레일바이크를 타고 가며 보는 정선 시골동네의 아담한 낮은 울타리와 해바라기가 해님과 함께 환한 빛으로 다가온다.

내 마음의 울타리는 무엇일까? '노란 해바라기처럼 따뜻한 사랑으로 엮어야지' 생각하며 꽃내음에 젖어본다.

잘했다 맛있구나

피곤한 몸으로 퇴근했다. 학원에서 작은 음악회로 귀여운 천사들과 인연의 탑을 높이 쌓은 날이다. 집에 오니 튀김닭이 준비되어 있었다. 남편의 배려였다. 튀김닭을 같이 먹으며 돌아가신 시아버님 이야기를 했다. 초등학교 교장으로 퇴직하신 아버님은 인자하고 따뜻한 성품을 지니신 분이셨다.

신혼시절 어느 일요일 시댁에 갔다. 시어른들께서 반갑게 맞이해 주셨다. 어머님이 닭볶음탕을 하시려고 집에서 기른 토종닭을 잡았다고 하셨다.

어머니께서 며느리 솜씨 좀 보자고 하시며 웃으셨다. 닭요리를 좋아하지 않을 때였다. 하릴없어 말씀을 드리지 못하고 불안해하고 있을 때, 고등학교에 다니는 막내 시누이가 고맙게 "언니 저하고 같이해요." 하며 내 손을 잡았다.

주방에 가보니 말끔하게 털이 뽑힌 닭 한 마리가 놓여 있었다. 요리 보고 조리 보아도 무섭고 겁이나 한숨을 쉬고 있을 때 남편이 주방으로 들어왔다. 남편에게 닭을 먹기 좋게 토막 내 달라고 부탁하고 '요리를 어떻게 해야 하나' 하며 걱정 하고 있을 때, 옆에 있던 막내 시누이가 고추장을 넣고 볶으면 된다며 자신 있게 말했다. 한 번도 해 보지도 않았고, 먹지 않았던 닭요리를 하려니 겁이 났지만 시누이가 가르쳐 준대로 고추장, 마늘, 파, 설탕을 넣고 볶기 시작했다. 고추장 타는 냄새가 나서 기름도 넣었다. 이젠 다 된 것 같다고 생각되어 큰 접시에 담아 저녁상에 올리고 보니 먹음직스러워 보이고 푸짐했다.

아버님이 제일 먼저 한 토막을 드시기 시작했다. "어떠세요?" 하고 자랑스럽게 여쭈어보았다. "잘했다. 맛있구나." 하셨다. 어머님께서 늦었으니 얼른 가라면서 저녁도 다 드시기 전에 서둘러 우리를 보내셨다. 남편에게 시댁에서 처음으로 한 요리였기에 괜찮았냐고 물어보았다. 껍데기는 맛있게 생겼는데 생닭 같다며 웃었다. 속상해서 토라져 말도 하지 않았다. 다음날 친정에 가서 어머니에게 그 일을 이야기하자 어머니는 닭을 한 번 삶아 양념해서 볶아야 한다며 사돈 분들께 죄송해서 어떻게 하느냐고 당황해하셨다. 친정어머니께도, 시아버님께서 맛있다고 하셨다며 화를 냈다.

어느덧 칠순을 향해 가며 생각해 본다. 생닭을 맛있다고 하시며 용기를 주신 아버님의 사랑과, 닭이 익지 않아 미안해 할까봐 얼른 집으로 보내신 어머님의 깊은 배려를 잊을 수 없다. 어머님은 문수보살 같은 분으로 스스로 지혜롭게 살림을 배워 갈 수 있도록 기다려 주신 분이셨다. 오대산 상원사를 남편과 같이 간 적이 있다. 사자를 타고 계신 문수보살님은 기도로 삶의 지혜를 가르쳐 주시므로, 청량 선원의 문수보살상과 문수동자상 앞에는 많은 불자가 지혜를 발원하고 있었다.

시아버님은 항상 칭찬으로 시작해서 칭찬으로 마무리하시는 분이셨다. 모든 것이 부족했던 시절, 용기를 주시며 칭찬해주신 시부모님 덕분에 많은 것을 배우며 원만하게 살아왔다. 지금도 부모와 자식은 하늘이 맺어준 특별한 인연이라고 말씀하시며 웃으시던 훌륭하신 시부모님과의 인연에 감사하며 살고 있다. 아버님께서는 칭찬과 지혜로 노력하는 삶의 아름다움을 가르쳐 주셨다.

튀김닭을 보며, 닭볶음탕을 드시며 환하게 웃으시던 아버님 모습과 칭찬의 말씀이 뇌리에서 떠나지 않는다. "잘했다 맛있구나."

가래떡의 변신 떡국

저녁 메뉴로 떡국을 먹기로 했다. 전에 사다 놓았던 흰떡 봉지를 꺼내고 보니 오늘따라 떡이 더 먹음직스러워 보인다.

중학교 다닐 때쯤으로 생각된다. 어머니가 김이 모락모락 나는 가래떡을 머리에 이고 들어오셨다. 떡을 내려놓으시자마자 날쌔게 기름소금을 만들어 오셨다. 따뜻한 가래떡을 손으로 떼어 기름소금을 발라 맛있게 먹던 추억과 조청을 찍어 먹던 생각이 잉걸불이 되어 타오른다. 어머니가 가래떡을 만들기 위해 전날부터 쌀을 씻어 물에 담가 놓으셨다가, 다음날 쌀을 건져 방앗간으로 가지고 가시던 모습이 생각난다.

온 식구가 쌀을 담가놓는 그 순간부터 가래떡을 먹을 생각으로 흐뭇한 얼굴이었다. 하루 정도 지난 후 떡이 살짝 굳어지면 긴 가래떡을 떡국 떡으로 만들기 위해 먹기 좋게 썰었다. 내가 썰어놓은 떡은 동그랗게 생겼고, 어머니가 썬 떡은 어슷썰기로 길쭉했다. 동그란 모양보다 어슷하게 썰어진 모양이 훨씬 보기가 좋고 맛있게 보였다. 어머니가 하얀 앞치마를 두르고 떡을 써는 모습은 단아하고 아름다웠다. 눈부시게 하얀 떡과 앞치마에서 어머니의 인생이 보였다. 광주리 가득 썰어져 담긴 예술품은 어머니의 환한 웃음과 함께 빛났다.

유교에서는 설날 먹는 흰 떡국이 돈복이 들어온다고, 김이나 후추를 뿌리지 않았다고 한다. 또한 불교에서는 하얀 떡국의 밝음을 통해 내면을 씻어 내며 새해를 맞았다고, 스님께 정초 법문에서 들은 기억이 난다. 지금도 절에서는 고명 없는 흰 떡국을 먹으며 새해 발원을 한다.

어느 해 설날 아침 어머니께서 떡국을 같이 끓여보자고 하셨다. 뽀얀 국물에 흰떡이 동동 뜨기 시작할 때 미리 빚어 놓으신 김치만두를 넣으셨다. 동동 뜨는 흰떡과 만두가 익어가는 모습이 신기하면서 정겹게 보였다. 다 끓을 때쯤 썰어놓은 파를 넣자 한 폭의 그림이 되었다. 마무리 단계로 떡국을 그릇에 담고 고명으로 계란 지단, 볶은 소고기, 김가루를 보기 좋게 올려놓으셨다. 가래떡이 변신하여 아름답고 맛깔 나는 예술품 떡국이 되었던 설날 아침을 잊을 수 없다.

중학교 일학년 가정시간에 요리를 배울 때였다. 처음으로 배운 요리가 계란 지단을 부치는 방법이었다. 노른자와 흰자를 거품기로 저어 섞어 프라이팬에 기름을 조금 두르고 지단을 부쳤다. 선생님께서 동그랗게 지단이 부쳐졌나 보시며 조별로 검사를 하며 다니셨다. 우리 조는 부치고 보니 실패작이 되었다. 선생님께 꾸중 들을까

봐 부쳐진 지단을 잘라 동그랗게 만들고 부스러기는 친구들과 나누어 먹었다. 선생님이 오시더니 "지단이 너무 작다. 동그랗게 만드느라고 계속 썰었구나." 하고 웃으시며 다시 얇고 동그랗게 부치는 방법을 설명해 주셨던 생각이 난다.

옛부터 설에는 떡국을 먹었다. 어른들의 덕담과 함께 아이들은 떡국을 먹고나서 이제 몇 살이 되었다, 하며 엉덩춤을 추는 모습을 볼 수 있었다. 예나 지금이나 떡국은 설을 따뜻하고 풍성하게 만들어 준다.

요즈음 조상들로부터 내려온 풍습인 떡국을 먹지 않고, 웰빙 음식으로 만든 떡볶이, 가래떡구이 등 쉽게 하는 음식만 찾는 젊은이들이 있다는 이야기를 들었다. 시나브로 황혼기가 된 우리 세대들이 반성하며 과제로 삼아야 할 것이 있다. 자손들에게 사라져가는 문화를 가르치며 우리의 얼을 심어 주어야 한다는 것이다. 설날에 온 식구가 둘러앉아 떡국을 먹는다면 화목한 인연의 끈이 단단하게 이어지리라 믿는다. 예전처럼 대가족은 아니더라도 나름대로 서로 노력한다면, 비숍의 '즐거운 나의 집' 노래처럼 꽃 피고 새가 지저귀는 따뜻하고 향기로운 가정이 되리라 상상해본다.

저녁 준비를 하며 옛 생각에 행복했다. 뽀얀 떡국 국물 속에 어머니가 가래떡을 이고 오시는 모습이 보인다. 어머니께 배운 대로 끓인 떡국, 맛이 어떨까.

마로니에 열매와 어머니

갈색 열매가 떨어져 있다. 가을의 향기가 나는 작은 열매의 껍데기를 까보니 밤알처럼 생겼다. 언젠가 나무 박사라 불리는 분이 설명해 준 마로니에 열매였다. 유럽이 고향인 마로니에는 세계 4대 가로수 중 하나다. 마로니에는 나뭇잎이 일곱 장이라 우리말로 칠엽수라고도 부른다.

꽃샘바람과 함께 갈맷빛을 자랑하는 칠엽수는 늦은 봄에 아이스크림 모양의 꽃을 피운다. 아래는 넓고 위로 올라가며 좁아지는 피라미드 생김의 원뿔꼴 꽃이다. 작은 흰꽃 여러 개가 합쳐 마치 소프트아이스크림처럼 시원하게 여름을 맞이한다. 가을 건들바람이 불면 시나브로 단풍이 들고 열매를 맺는다. 아들 며느리 손주들과 서울 종로에 있는 마로니에 공원에 간 적이 있다. 공원에는 마로니에 열매가 주렁주렁 달려 있었다. 어디선가 익숙하게 들어본 마로니에 노래도 분위기 있게 조용하게 흘러나오고 있었다.

우리 아파트에도 마로니에 나무가 여러 그루 있는 데 평소에는 별 관심 없이 보았다. 그런데 어느 날 마로니에 나무 아래서 열매를 줍는 할머니 두 분을 보았다. "새댁 이 열매 먹는 거야? 밤처럼 생겼네!" 하셨다.

새댁이라는 말을 듣고 생각해 보았다. 나도 10년쯤 지나면 저 할머니들과 같을 텐데, 모자를 쓰고 있어 어르신들이 나를 젊게 보셨다고 생각하며 웃음으로 인사드렸다. 그리고 약간의 독이 있어 함부로 드시면 안 된다고 말씀드렸다. 열매에는 타닌 성분과 마취 성분이 있다. 약제로 쓰인다고 들었다. 일본에서는 이 열매로 묵과 양갱을 만들어 먹는다고도 한다.

할머니들이 주우신 열매를 보며 어머니 생각이 난다. 태어나서 60 중반 고개를 넘어 인생의 참열매를 맺고 이 자리에 있기까지 어머니의 사랑이 컸다. 아이스크림꽃처럼 20대에 직업을 갖고 결혼을 했다. 야멸차게 가정을 이루어 살다보니 어머니 생각을 한 적이 별로 없다. 이제 무릎이 아파 걷기 힘드니 어머니의 사랑을 느낀다.

백유읍장伯兪泣丈이라는 사자성어가 있다. 옛날 중국 한나라의 백유 어머니는 회초리로 아들을 키우셨다. 어느 날 울지 않던 백유가 종아리를 맞다가 큰 소리로 울었다. 늙은 어머니는 깜짝 놀라 머리가 희어진 백유에게 우는 이유를 물었다. "어머니의 매가 이제 조금도 아프지 않습니다." 하며 노쇠해진 어머니의 두 손을 잡아 드렸다는 고사성어다.

돌아가신 내 어머니도 5남매를 무섭게 꾸중하며 길러 주셨다. 어머니는 힘이 없고 병마와 싸우며 요양원에 계실 때도 항상 자식을 먼저 생각하셨다. 아침마다 전화를 드리면 "아침 먹었니?" 하시며 칠순을 향하여 가는 맏자식을 걱정하셨다.

마로니에 나무가 열매를 맺기까지를 돌아본다. 우리 인간들의 생처럼 제행무상諸行無常이 느껴진다. 이 가로수의 열매는 약제의 효능을 주며 아름다움도 보여주고 있다. 우리 인간들이 태어나서 노년이 되기까지를 생각해 보았다. 아름답게 사회에 필요한 존재가 되기 위해 노력하며 살고 있다. 열매가 맺어 떨어지듯이 우리의 삶도 생로병사生老病死를 겪는다. 내 마음속에 계신 불자들의 어머니 '관세음보살'님께 기도드린다.

오늘 본 마로니에 열매처럼 내 자식들도 인생의 열매를 오달지게 맺게 해주세요. 황혼기에서 삶의 길을 동행하고 있는 남편과 나의 열매 또한 편안하게 떨어지며 생을 마감하게 도와주소서.

마로니에 앉아있던 까치 두 마리가 반갑게 2중주를 하며 내 마음과 같이 부처님께 귀의한다. '나무 관세음보살.'

2부

구름을 벗어난 달처럼

어머니가 요양원에 가시던 날,
어머니를 향한 어두운 마음이
구름을 벗어난 달처럼 밝게 변하기 시작했다.

구름을 벗어난 달처럼

'구름을 벗어난 달처럼. 어쩌다가 못된 짓을 했더라도 착한 행동으로 덮어 버린다면 그는 이 세상을 비추리라.' 법구경 한 구절이 눈에 들어온다.

돌아가신 어머니께 불효막급 했던 기억이 잉걸불이 되어 타오른다. 철없던 시절, 할머니께 소소한 일까지 고하여, 어머니가 꾸중 들으시는 모습을 보면 은근히 기분이 좋아지던 때가 있었다. 큰딸인 나보다 당신을 닮은 둘째딸만 항상 예뻐하시고 챙기신다는 속 좁은 생각에서였다.

중학교 때 도서관에서 책을 읽다가 저녁 늦게 집에 오면, 심한 꾸중을 들었다. 항상 식사 준비를 도와야 했기 때문이었다. 그럴 때, 거울을 보거나 엄마 사진과 비교해 보아도 전혀 닮은 모습을 찾을 수 없었다. 틀림없이 친엄마가 아니라고 생각하며 하염없이 울기도 했다. 책도 보지 못할 정도로 부엌일을 돕게 하는 어머니가 미워 당황하는 모습을 보려고 일을 벌이기도 했었다. 인생의 황혼기가 되어 법구경을 읽다 보니 그 시절 어머니께 잘못한 일들로 가슴을 저며 오기 시작했다.

추운 겨울 구정물을 데워 돼지 밥을 줄 때였다. 갑자기 어머니 얼굴이 떠올라 돼지머리에 뜨거운 구정물을 부었다. 돼지는 밥을 먹으려고 하다가 날벼락을 맞고 뜨거워 괴성을 지르며 쓰러졌다. 불쌍한 돼지를 보며 작은 소리로 '돼지야 미안해, 죽지 마.' 하며 돼지우리 앞에서 두 손 모아 애원한 철부지였다. 어머니는 이처럼 황당한 일을 벌이는 딸 때문에 얼마나 마음이 힘드셨을까.

60년대 나라 경제가 어렵고 물가가 비싸 시부모님 모시고, 아버지 박봉으로 살림을 꾸려나가기 어려우셨으리라 짐작된다. 살림에 보태시려고 동동거리며 돼지, 닭까지 기르시던 어머니이시다.

어머니가 요양원으로 가시던 날, 어머니를 향한 어두운 마음이 구름을 벗어난 달처럼 밝게 변하기 시작했었다. 지혜로운 어머니 마음을 몰랐던 나 자신이 부끄러웠다. 뒤늦게나마 어머니가 좋아하시는 만두를 요양원에 갈 때마다 쪄다 드리며 도란도란 옛이야기를 많이 나누었다. 만두의 속에는 어머니의 삶, 희로애락喜怒哀樂이 들어 있었다. 하지만 이제는 그마저 추억의 한 자락이 되어버렸다. 요즈음 어머니가 다니시던 절에 가면 '못난 딸이 어머님을 힘들게 했습니다.'를 되뇌며, 어머님의 극락왕생을 합장 발원한다.

누구든지 살아가면서 못된 짓을 할 때가 있다. 부모님, 친구, 선생님, 이웃에게 해서는 안 될 일들을 본인의 관점에서 '괜찮겠지' 하며 행동하게 된다. 사회의 흐름에 따라 청소년 범죄도, 성인이 놀랄 만큼 대담해진다. 한순간의 오락을 위해, 사치를 위해, 하릴없는 일을 저질러 마음이 힘든 소년원으로 가기도 한다. 언젠가 절 합창단과 스님을 모시고 교도소로 찬불가 공연을 하러 간 적이 있었다. 그들은 한순간의 잘못으로 후회하는 삶을 살고 있었다. 이들에게 마음을 비우며 검은 구름 속에서 벗어날 기회를 주어야 한다고 생각하며 그들과 함께했다.

부처님 경전 사십이장경四十二章經 한 구절이 떠오른다. '늙은이는 어머니로 생각하고, 나이 많은 이는 누님으로, 나이 적은 이는 동생으로, 어린이는 딸로 생각하며 그를 예로써 공경해라.' 삿된 일을 하고 슬픈 일을 당한 사람에게도 법문의 내용처럼 가족으로 대한다면, 구름을 벗어난 달처럼 이 세상을 밝게 비추리라고 확신한다.

'백 년 동안 때 묻은 옷이라 해도 하루 동안 씻어서 깨끗해지듯이, 모든 번뇌 씻어서 구름 걷힌 달처럼 맑아지듯이'라는 찬불가 노랫말이 마음에 와 닿는다. 찬불가를 들으며 내 삶을 돌아본다. 마음속의 검은 구름을 '제가 하겠습니다'로 새겨, '구름을 벗어난 달처럼' 살아가리라 다짐해본다.

고양이의 환생 발원

길가에 쓰러져 있는 고양이를 보았다. 아침 기도 길이라 어떻게 할까 망설이다 자세히 살펴보았다. 길에 떨어져 있는 피를 보니 죽은 지 얼마 안 되어 보였다. 측은한 마음으로 '잘 가거라 다시 태어날 때는 사람으로 꼭 환생하거라.' 하며 발원했다.

불가에서는 이런 경우에는 광명진언光明眞言을 한다. '옴 아모가 바이로차나 마하 무드라 마니 파드마 즈바라 프라바를 타야훔'을 7번 해주고, 아쉽지만 그 자리에서 발길을 옮겼다.

나도 자동차를 운전하고 다니지만, 운전기사들의 실수가 정말 잦다는 생각을 했다. 얼마 전 잊지 못할 차 사고가 있었다. 인명사고가 날 뻔한 아찔한 일이었다. 작은 교차로에서 우유 배달원과 부딪쳤다. 내 차가 오토바이 중간 부분을 받으며 그 충격으로 차의 번호판이 찌그러졌다. 상대방은 넘어지고, 실려 있던 우유가 땅바닥에 쏟아졌다. 차 사고가 처음인 나는 당황해서 다 보상하겠다고 했다. 시간이 지나며 주변에는 구경하는 사람들이 하나, 둘 늘어갔다. 그들 중 신사복을 말끔하게 차려입은 노신사분이 일방적인 잘못이 아니라고 했다. 필요하다면 증인이 되어 주겠다고 하며 핸드폰 번호를 서로 주고받게 했다.

잠시 후 보험회사에서 사고 처리반이 도착했다. 병원부터 가자고 하니까 그는 바빠서 시간이 날 때 가겠다고 하며, 사고 처리반과 이야기한 후 급히 오토바이를 몰고 사라졌다. 절뚝거리며 가는 기사는 열심히 살아가는 젊은 청년으로 보였다. 보험회사에서 차후에 있을지 모르는 후유증까지 합의해서 보상했다고 연락이 왔다. 그렇지만 내 생각엔 보상금이 너무 적은 금액이었다.

우리 몸은 마치 밑이 둥그런 항아리와 같다는 생각이 든다. 사고가 나던 날 내 항아리 속에는 번뇌 망상이라는 구정물이 들어 있었다. 구정물 찌꺼기가 부옇게 항아리에 떠 있어서 내 머릿속이 복잡했던 것 같다. 사고가 나면서 선정禪定의 힘이 생겼던 것 같다. 언젠가 스님의 법문에서 정법定法, 부처님의 바른 법을 행할 때는 주저없이 말하고 곧 움직여야 한다고 하셨다. 지금 생각해보면 착하게 사는 우유 배달원에게 미안한 마음이다. 사고 직후 그 청년과의 대화를 통해 보험회사 보상금은 물론, 내 자비로도 쏟아진 우유 값을 변상해 줄 수도 있었을 텐데 하는 아쉬운 마음이 들었다.

절에 도착하여 법당에서 108 참회문을 읽으며 아침기도를 했다. 집으로 돌아오는 길에 고양이가 죽어 있던 곳으로 다시 눈길이 갔다. 핏자국만 남아 있다. 운전기사의 실수로 일어난 참 안타까운 일임에는 틀림이 없다. 아침 6시 정도면 날이 밝아 사물의 구별이 잘 안 되는 시간도 아닌데, '고양이가 급하게 뛰어들었나 보다.' 생각하며 마음을 정리했다.

인간에 의해 억울한 죽음으로 가는 동물들이 매우 많다. 구제역이 돌면 웅덩이를 파고 소나 돼지들을 생매장한다. '법공양'이라는 책에서 다음 글을 읽었다. 생매장을 위해서 실려 가는 송아지가 어미 소에게 "엄마 우리 지금 어디 가는 거야?"하고 물었다. "아가 잠깐이면 된다. 우린 사람으로 다시 태어나기 위하여 간단다."라고 이야기했다고 한다. 우리 인간들의 잔인함을 다시 느끼게 한다. 축복 속에 인간으로 태어난 우리는 의도적인 살생은 절대로 하지 말아야 한다.

'부처님! 불쌍한 고양이를 극락왕생極樂往生 해주소서' 합장기도 했다. 아파트 정원의 참새들도 애잔하게 옹알이하며 조용히 날고 있었다.

어느 청년과의 인연

숨을 몰아쉬며 뛰어오는 한 청년을 보았다. 내 앞에 오더니 "오늘도 절에 가십니까?" 하며 씽끗 웃는다. 누구지? 생각해 보며 가벼운 인사를 했다. 법당에 들어서는 순간 그 청년이 생각이 났다.

언젠가 황소바람이 불고 쌀쌀한 날이었다. 법당문을 닫고 기도를 시작했다. 밖에서 누군가가 횡설수설하더니 큰소리를 질렀다. 잠시 후 법당문을 세차게 두드렸다. '아침부터 누가 술주정을 하나' 생각하면서 108 참회문을 읽으며 절을 계속했다.

법당문이 열리더니 한 청년이 들어왔다. 몰강스럽게 보였다. 부처님 앞에 가서 고개를 갸우뚱하며 요리 보고 조리 보고 하면서 서 있었다. 어수선함이 조금 가시더니 스님만 사용하시는 큰 좌복을 펴고 앉았다. 다시 일어서더니 합장하고 "자비하신 부처님, 절에 오는 모든 사람을 주님 곁으로 보내주셔서 행복하게 살게 해 주소서." 하며 뜬금없이 큰 소리로 떠들었다. 이어서 "나무아비타불 관세럼보살" 하며 후렴까지 붙였다.

절을 하고 있던 나는 거친 목소리로 떠드는 청년이라

무서웠다. 한편으로는 '나무아미타불 관세음보살' 을 들은풍월로 틀리게 외 며 고개를 갸우뚱하는 모습이 귀엽기도 했다. 법당 안을 돌아다니며 부처님 모습을 보며 "얼굴이 다 다르네!" 하더니 내 옆으로 다가왔다. 내가 좌복을 깔고 절을 하고 있으니까 청년도 좌복을 들고 오더니 옆에 앉았다. 말없이 절만 하는 내가 이상했는지 쳐다보며 고개를 갸우뚱하더니 갑자기 "왜 절을 그렇게 많이 하지?"하며 생뚱맞게 떠들었다.

법당 안에 그 청년과 둘만 있어 긴장되어 있을 때 스님 한 분이 CCTV를 보셨는지 법당 안으로 들어오셨다. "법당 안에서 그렇게 떠들면 안 됩니다."하시면서 어수선하게 앉아 양말 한쪽을 벗고 있는 청년에게 꾸중을 하시고 법당을 나가셨다. 스님이 계시거나 안 계시거나 떠드는 것은 계속되었다. 점점 더 내 곁으로 좌복을 밀며 다가와 앉았다.

불교 방송에서 타 종교 광신자들이 법당의 부처님을 훼손하고 어지럽혔다는 뉴스를 들었던 생각이 났다. 그 청년이 무섭게 보였지만 마음의 정리를 하며 '금강경 18품 일체동관분一體同觀分'을 떠올렸다. 삼라만상 모두가 부처님이고 통해 있다는 법문이다. 운동복을 입고 땀에 젖어 있는 어수선한 그도 부처님이라고 생각하며 그와 눈을 맞춘 후 청년을 향해 삼배했다. 절을 하면서 보니 그도 놀라서 벌떡 일어나 나에게 절을 했다. 절을 하곤

쑥스러운지 작은 소리로 '이제 가야지'하며 빙그레 웃고 법당문을 열고 나갔다.

나는 잠시 놀란 가슴에 손을 얹고 긴 숨을 쉰 후 법당을 나왔다. 아무 생각없이 집을 향해 가고 있었다. 아파트 담 길을 걷고 있는데 누가 "여기 사세요?" 하며 큰소리로 인사 하는 소리가 들렸다. 쳐다보니 법당에서 본 그 청년이었다. 조금 전에 본 그 운동복을 입고 뛰고 있어 쉽게 알아보았다. 서로 마주 보며 절을 해서 좋은가 보다. 법당에서는 그렇게 무섭게 보였는데 정답고 귀엽게 보였다.

생각해 보면 그는 부처님께 절에 오시는 모든 사람을 주님 곁으로 보내 달라고 기도를 했고, 나는 가족과 인연이 닿은 모든 이들을 위해 기도했으니, 서로가 행복을 위한 같은 기도라는 생각이 들었다.

오늘 살바람이 부는 아침, 평화사 법당에서 인연을 맺었던 귀여운 청년을 만나 행복한 마음이다. 살아 있음에, 아름다운 인연들과의 고마움에 감사하면서 살련다. 아파트 정원의 나무도, 예쁜 꽃들도, 삶을 같이하는 인연들 모두가 부처님이시다. '산도 들도 강물도 부처님 모습'하며 찬불가를 부르시던 정율 스님 목소리가 들리는 것 같은 상쾌한 아침이다.

동짓날 팥죽과 붕어빵

동짓날이다. 부처님도 뵙고 팥죽도 먹자며 편안하고 소박한 절 마야사를 찾았다. 시동생 부부도 와 있었다. 눈이 하얗게 쌓여 있어 남편은 차에서 내리자마자 시동생과 절 마당에 눈을 치우기 시작했다.

동서와 나는 법당에 들어가 예불을 했다. 주지 스님이 법문으로 동지에 대해서 말씀해 주셨다. 24절기 중 스물두 번째 절기로 밤이 가장 길고 낮이 가장 짧은 날이라고 하시며, 우리의 작은 설, 또 우리나라 고유의 크리스마스에 해당한다고 하셨다. 음기와 양기가 교차하여 어두운 일이 가고 밝은 일이 생기는 절기이므로, 한 해를 마무리하고 이웃과 정을 나누며, 팥죽의 붉은 색이 음기의 나쁜 액을 다 쫓아준다고 하셨다. 스님의 법문을 들으며 한해의 시작도 중요하지만 마무리하며 마음을 비우는 일이 꼭 필요하다는 생각이 들었다.

시나브로 황혼기가 되었다. 이제부터 하심下心으로 돌아가 나 자신을 돌아보며, 삶의 마무리도 즐겁게, 행복을 담아야겠다. 우리의 조상들은 팥죽을 그릇에 담아서 장독, 곳간, 헛간, 안방 등에 놓아두면 잔병이 없어지고 건강해지며 액운을 면할 수 있다고 믿어서, 이웃끼리도 나누어 먹고 '아세'라고 하며 작은설이라고 했다고 재미있게 말씀하셨다.

법문을 듣고 있는 동안 친정어머니 생각이 났다. 동짓날이면 팥죽과 팥떡을 해서 장독 위에 놓고 자식들을 위하여 합장 기도하시던 모습이 떠오른다. 붉은 팥은 우리가 살아가는데 어려움이 없게 해준다고 하여, 절집에선 팥을 삶의 예방주사와 같이 사용한다고 스님이 말씀해 주셨다. 어머니는 장독 위에 놓았던 떡을 할아버지부터 나까지 차례로 식구들을 먹게 나누어 주셨다. 그때 떡 한쪽을 내 차례가 될 때까지 기다리며 어른들이 다 잡수실까 봐 안달하던 생각이 난다. 어머니는 내 마음을 아셨는지 식구들 몰래 감추어놓았던 떡을 나에게 주시며 빙그레 웃으셨던 기억이 추억으로 남아있다.

요양원에 계실 때도 본인이 더 힘드실텐데 찾아온 자식들을 걱정하시며 가족의 안부를 물으셨다. '어머니의 깊은 사랑으로 친정 오남매가 잘살고 있구나' 하는 감사의 마음이 들었다. 이제 부모님은 극락으로 가셨지만 내 마음속에 계시다.

법회가 끝나고 절 마당으로 나오니 비탈길 언덕에서 엄마 아빠를 따라온 귀여운 꼬마들이 신나게 눈썰매를 타며 놀고 있었다. 하얀 눈을 보면 어릴 적 생각이 난다. 손자가 없던 할아버지는 큰 손녀인 나를 보물처럼 아끼시며 무엇이든 해주셨다. 할아버지의 응원으로 눈싸움을 해도 사내아이들이 무서워 할 정도로 모두 이겼다. 집 근처 산비탈에서 두꺼운 비닐에 끈을 달아 친구들과 눈썰매를 타게 해주시며 동네 대장으로 만들어 주셨다. 플라스틱 긴 바가지로 만든 눈썰매를 보니 옛 친구들의 모습이 떠오르며, 할아버지 할머니가 된 모습이 상상의 나래를 펴며 그려진다.

한쪽에선 붕어빵을 구워, 팥죽을 먹지 않는 꼬마 신도들에게 나누어 주는 모습이 현대판 절집의 모습으로 정겹게 다가왔다. 환한 얼굴로 신나게 뛰어놀며 붕어빵을 먹고 있는 꼬마 천사들을 보니 '동지가 정말 작은설이구나' 하는 생각이 들었다. 공양 간에 들어가니 새알심 동동 띄운 팥죽을 많은 신도가 맛있게 먹으며 즐거운 표정들이다. 우리 가족도 팥떡과 팥죽을 먹고 붕어빵 굽는 곳에서 붉은 팥이 들어 있는 자비의 붕어빵도 먹었다. 꼬마 신도들을 위하여 배려로 붕어빵과 눈썰매를 준비하신 주지 스님의 깊은 배려였다.

오늘은 옛 부터 24절기 중 동지에는 한 해의 마무리로 팥죽을 먹고, 새해 시작인 설날에는 뽀얀 흰떡국과 함께, 복 짓기로 정진하는 조상님들의 지혜를 생각하게 한 날이다. 새알 동동 팥죽과 붕어빵을 먹으며.

광명천지, 오색의 꽃밭

석가 탄신일이다. 부러운 것 없이 다 갖추고 태어난 고다마 싯달다 태자는 중생구제를 위해서 모든 것을 다 버린 성자다. 이분이 세상에 오신 날만이라도 그 뜻을 생각해본다. 우암산 중턱에 있는 사찰에는 많은 이들의 염원을 담고 수많은 등이 달려 있다.

항상 마음이 답답하고 탐심이 생기려고 할 때면 나는 관음사를 찾는다. 오늘은 부처님 오신 날이어서 하늘 높이 괘불도 펼쳐져 있다. 괘불 석가모니 부처님 전에는 많은 신도로 야단법석이다. 자비 광명慈悲光明 불은佛恩을 염원하며 절 공양을 하고 있다. 절 마당에 달린 오색의 등을 보며 생각해본다.

나의 색깔은 어떤 색일까? 늘 허한 구석을 채우기 위해 강한 척 잘난 척, 설친 날들이 부끄럽다. 세월이 갈수록 잘 익어가는 삶과 볼품없이 시들어 가는 삶이 있다. 어떻게 나는 살고 있나 되돌아본다. 꽃, 바람이 불며 등들이 살며시 춤을 춘다. 하얀 꼬리표를 단, 인연의 등, 축복의 등, 사랑의 등, 감사의 등, 희망의 등, 취업의 등이 비원을 속삭이며 염원을 하고 있다. 등 아래서 기도하는 신도들이 한 폭의 그림처럼 아름답게 보인다.

나는 찬불가 합창지도를 하면서 여러 신도 분들로부터 과분한 대우를 받았다. 항상 감사하고 불편한 마음이었다. 오늘은 공양 간에서 부족한 일손을 도우리라 생각하고 앞치마를 둘렀다. 서툰 솜씨로 설거지하고 공양 시간에는 배식도 했다. 보현보살님처럼 행行을 실천하는 것 같아 마음이 흐뭇했다. 시간적인 여유가 생겨 극락전의 아미타 부처님, 지장보살님, 관세음보살님께 삼배의 예를 올렸다. 천불전, 삼성각에서도 삼배를 올리며 스님께서 말씀하신 법문을 생각해 본다.

'마음자리 검은 자가 절을 한들 무엇 할 것이냐. 마음자리 올바른 자 깨끗한 마음 잘 쓰면 그만이지, 무릎 아프고 다리 아프게 절을 하면 무슨 소용이더냐'고 하신 말씀이 잊히지 않는다. 마음을 비우고 차분한 마음으로 괘불대의 석가모니 부처님께 정성껏 절 공양을 했다. 절 마당에 매달려 있는 오색찬란한 등들도 내 마음과 같이 했다. 언젠가 부처님 오신 날 스님께서 들려주신 법문이 생각난다.

어느 날 부처님께서는 이곳저곳 설법을 다니시다가 저녁에 한 마을을 지나시게 되었다. 그러자 그 마을 사람들은 저마다 등을 달아 불을 밝혔다. 그 소식을 들은 이웃 마을의 가난한 노파가 부처님에게 등 공양을 올리고 싶은 마음에 자기 머리카락을 잘라 기름 한 병을 사서 등불을 켰다. 캄캄한 밤을 많은 이들과 함께 부처님께서 가시는 길목을 밝혔다고 한다. 그런데 갑자기 광풍이 불어 수많은 사람의 등불이 일시에 모두 꺼져버렸는데 단 한 개의 등불만이 꺼지지 않았다. 억센 광풍을 이기고 조용히 타고 있었다고 한다. 부처님이 그 등불의 주인을 찾으니 남의 집 종살이를 하는 가난한 노파였다.

그 노파의 진심眞心이 불은佛恩을 입게 된 것이다. 그 이후 부처님의 가피를 입으려는 염원을 담아 사월 초파일마다 등을 밝히게 되었다고 한다. 지금도 석가탄신일에는 많은 사람이 밤까지 등불을 밝히고 발원을 하고 있다.

저녁이 되자 절 마당은 물론 나무 꼭대기까지 주렁주렁 오색등이 환하게 열렸다. 높은 하늘에는 등불 빛이 퍼져 오른다. 절 전체가 완전히 광명천지 꽃밭이다. 이 순간 욕심 없이 바라보는 이 세상, 등불처럼 아름다움으로 가득 찼다. 절 안에 환하게 밝힌 등불을 보고 기원하며 가난한 노파의 빈자일등貧者一燈을 떠올려 본다.

꽃 피울 때까지

평화사 합창단이 찬불가를 공연하는 날이다. 남편과 청주아트홀을 찾았다. 오래 전 예술의전당에서 연합불교 합창단의 찬불가 지휘를 했었다. 인사를 하고 관중을 보며 박수소리에 감사의 눈물이 살며시 나왔던 생각이 난다.

공연장 입구부터 거사님들과 보살님들께서 친절히 안내하신다. 소프라노 정율스님이 축하공연을 위해 오신다고 안내되어 있다. 스님이 부르신 찬불가 CD도 필요하신 분들이 사도록 준비되어 있었다. 아침 기도 길에 갈 때, 올 때 정율스님의 '사박 걸음으로 가오리다' 노래를 콧노래로 부르곤 한다. 귀한 소리 공양을 해주시는 스님의 '영겁을 하루같이'라는 제목의 CD를 한 장 샀다. CD 앞면엔 스님이 맑게 웃는 모습이 사진으로 담겨있다. 뒷면을 보았다. 내가 좋아하는 곡 '사박걸음으로 가오리다' ,「한마음 있음이여」들이 수록되어 있었다. CD를 가슴에 안고 공연장 안으로 들어갔다.

공연 전에 선현 주지스님의 인사 말씀이 있었다. "꽃을 주는 것은 자연이지만 꽃을 가꾸는 것은 사람이고,

아름다움은 그 마음에서 나온다."고 하셨다. 마음속 꽃밭은 매우 크고 넓어 온갖 꽃이 핀다. 세상살이에 아픈 가슴을 치유해주며 편안하게 해주는 꽃동산이다. 내 마음은 정성을 들여 따뜻한 가슴으로 가꾸어 주는 남편이 있기에 아름다운 꽃밭이 된다.

음악회가 시작되면서 한 송이 한 송이의 꽃인 합창단원들이 입장했다. 밝은 분홍치마가 음악회 분위기를 더욱 정겹게 만들었다. '연꽃 향기'라는 찬불가는 무대에 가득 피어 있는 연꽃이었다. 단원들의 밝은 얼굴과 함께 하모니에서 향기가 난다. 「꽃 피울 때까지」의 찬불가는 주지 스님 법문대로 자연이 주는 선물인 꽃을 정성껏 가꾸고 피우는 아름다운 화음이었다.

하늘이 주신 아들, 딸도 귀한 꽃이다. 화단의 한 송이 꽃도 물을 주고 가꾸어야만 꽃이 핀다. 내 품속에 있는 이 꽃들을 어떻게 가꾸었나 생각해본다. 잘 가꾸어 꽃을 피울 때까지 힘든 날도 있었지만, 활짝 핀 꽃을 보며 행복했다. 그들 또한 엄마, 아빠가 되어 꽃을 가꾸며 가정을 이룬다. 요즈음 방송을 들으면 욕심과 자존심이 삿된 일들을 만든다. 부모와 자식 간에 생각할 수 없는 황당한 일들도 보인다. 부모가 꽃을 피우는 마음으로 자녀들과 생활한다면 삶의 꽃을 활짝 피울 것 같다.

어머니도 나를 사랑으로 꽃이 피도록 가꾸어 주셨다. 이순이 지나 꽃이 아물기 시작한다. 바쁜 삶에 지쳐서도 꽃을 피워 주신 어머님 생각을 미처 하지 못했다. 향기 나는 꽃송이가 되도록 가꾸어 주신 부모님의 마음을 황혼기가 되어서야 생각하며 감사드린다.

정율 스님께서 '부처님께 귀의합니다'를 부르셨다. 나도 모르게 합장하고 기도했다. 맑은 소프라노 소리가 마음을 파고든다. '서리꽃의 염원'이라는 찬불가 또한 부모님과 가족을 떠오르게 하는 청정한 목소리다. 「부처님께 귀의합니다」는 관음사합창단을 9년 6개월 동안 가르치면서 단원들과 합장하며 부른 곡이다. 언제 불러도 부처님께서 소원을 들어주시며 가피를 받는 이 곡은 모든 불자들이 좋아하는 노래다. 축하 공연으로 오카리나 연주를 감상했다. 「산사」라는 곡은 애조 어린 곡으로 숲속에서 힘든 삶을 사는 새들을 표현한 느낌이 들었다.

연꽃 향기 맡으며, 활짝 핀 꽃들의 합창을 듣고 보니 내 마음에도 밝은 꽃이 가득 피었다. 남편도 웃으며 뜻있고 훌륭한 음악회라고 했다. 그이의 웃음 속에도 꽃이 활짝 피었다.

운길산 중턱의 물방울 소리

봄을 시샘하는 날씨다. 춘삼월엔 꽃이 피고 제비가 온다는데 꽃샘바람이 매섭다. 지난해 수종사를 찾은 날, 눈이 하얗게 와서 일행들이 넘어지며 웃고 재미있게 다녀온 기억이 새롭다.

운길산 수종사 주차장에 도착하니 하늘이 우리의 기도를 들었는지 상쾌한 날씨로 변해 있었다. 노약자들은 절에서 보내준 차량을 이용하여 일주문까지 가기로 하고, 나머지 회원들은 산길을 걸었다. 전에 다녀갈 때는 차를 이용했으므로 힘든지 모르고 아름다운 절을 순례했지만, 이번에는 가파른 산길을 걷다 보니 힘들었다. 우리의 삶을 돌아본다. 누구나 평탄한 삶을 살고 싶어하지만 그런 인생은 거의 없다. 희로애락喜怒哀樂의 순환열차인지도 모른다. 힘들이지 않고 되는 일은 없다.

나에게 하늘이 무너지고 땅이 꺼지는 어려운 마음으로 힘들었을 때가 있었다. 감히 일어설 수 없어 통곡하며 주저앉기도 했다. 다시 일어서며, 인생의 험한 산을 여래의 가르침으로 참고 견디면서 관세음보살님과 함께했다. 한 발짝 한 발짝 나아가다 보니 힘든 고비도 지나가며 높은 산을 넘게 되었다. '산 간 데 물 가고, 물 간 데 산 가는 법'이라는 말이 실감 난다. 서로 잘 어울린다는 말이다. 운길산과 물소리 풍경 소리가 트리오로 연주하며 아름다운 하모니를 이룬다. 시나브로 일주문에 도착하여 서로를 쳐다보며 무언가 해낸 기분으로 함빡 웃었다. 종달새가 오르락 내리락 하며 맞이해준다.

남양주시 한강변 운길산 중턱에 있는 수종사는 고즈넉한 사찰로 화려한 전각이 있는 것도 아니고 법당도 크고 화려함보다는 소박하고 아담한 곳이다. 내려다보니 북한강에서 흘러내려 온 물과 남한강에서 흘러온 물이 서로 만나 두물머리라고 불리는 양수리가 눈에 들어온다. 다른 어느 곳에서도 볼 수 없는 아름다운 경관으로 자연이 주는 특별한 선물로 보인다.

전해오는 이야기는 세조가 문무백관을 거느리고 금강산 구경을 다녀오다가 이곳에서 묵게 되었는데, 한밤중에 종소리가 들려 부근을 조사해 보도록 하였다. 뜻밖에도 바위굴이 있고 그 굴속에 18나한이 있었으며 굴속에서 떨어지는 물방울 소리가 마치 종소리처럼 울렸다고 한다. 그래서 이곳에 절을 지었다고 한다.

창건 기념수로 심었다는 은행나무는 수령이 500년이고, 높이가 35m로 수종사의 오랜 역사를 말해주고 있었으며 은행나무 앞에서 기념사진을 찍고 있는 등산객들도 밝은 얼굴이다. 대웅전에는 비로자나불, 아미타불, 석가모니불을 모시고 있고, 나한전에는 그 옛날 굴속에서 찾은 나한들이 모셔져 있어서 사찰의 내력을 알게 해주었다.

예불이 끝나고 공양 간에서 꽃다지, 달래, 봄배추, 표고버섯을 넣은 비빔밥과 냉이 된장국으로 점심을 했다. 청정하고 귀한 공양을 마치고 절을 찾는 이들의 쉼터, 삼정헌이라는 곳에서 거사님들과 녹차를 마셨다. 누구나 마실 수 있게 준비되어 있어 넉넉한 절 인심을 돌아보게 했다. 찻주전자에서 차를 다관에 따를 때 나는 맑고 싱그러운 소리는 내 마음을 청청하게 해 주었다.

큰 유리창 너머로 펼쳐지는 두물머리는 법당 앞에서 보았을 때와는 다른 느낌으로 맑은 수채화같이 보였다. 부드럽게 펼쳐진 돌담 넘어 나무들의 새순이 차 한 잔 마시는 나와 눈을 맞추며 소리 없이 봄을 부른다. 무심하게 바라보고 있노라니 봄 향기에 취해 비발디의 사계 중 '봄'의 선율이 떠오른다. 고즈넉한 사찰에서 봄을 맞으며 거사님들과 '녹차 한 잔의 불성', 적은 것으로 만족하자는 이야기로 연꽃을 피웠다. 밖으로 나오니 '봄바람에 여우 눈물 흘린다'는 옛말처럼 꽃샘바람이 봄의 향기를 준비하느라 눈물이 나게 쌀쌀하다.

따뜻한 녹차 한 잔으로 마음의 부자가 되어 행복하게 내려오는 길은 마음이 한결 가벼웠다. 함초롬히 얼굴을 내민 풀잎들과 나뭇가지에 앉아있는 이름 모를 산새들이 내 마음속에 그림을 그려준다. 봄바람과 함께.

학사모를 쓴 갓바위 부처님

팔공산 갓바위에 가는 날이다. 여고 동창생들, 거사님들, 보살님들이 활짝 웃으며 인사를 한다. 차량 예불이 끝난 후 마음이 편안해지면서 부처님 곁에 와 있는 듯 했다.

선본사는 약사여래불 신앙의 대표적 사찰이지만 팔공산 갓바위 부처님이라는 이름으로 더 널리 알려진 곳이다. 관봉을 우리말로 하면 갓바위다. 절은 갓바위 부처님께서 내려다보시는 아늑한 자리에 있다. 약사여래불은 모든 이들에게 건강을 주시는 부처님으로 손에 약병을 들고 계신다. 또한, 팔공산은 도립공원으로 많은 사람의 발길이 미치는 곳이다.

선본사에서 산채비빔밥으로 점심 공양을 마치고 갓바위 부처님을 뵈러 남편과 산행을 시작했다. 천 미터가 넘는 가파른 돌계단을 걷다보니 힘들고 어지러워 주저앉았다. 매스꺼워 토해질 것 같았다. 잠시 앉아 쉬면서 남편이 가운뎃손가락에 사혈을 해주어 무사히 올라갈 수 있었다. 한 가지 소원을 간곡히 기도하면 이루어진다는 입소문에 많은 신도가 공양미와 초, 향을 들고 환한 얼굴로 산을 오르는 모습이 정겹게 보였다.

나는 주변 인연들과 많은 선물을 나누며 살고 있다. 자식에게선 효도의 선물을, 제자들에게는 감사의 선물을, 친구들에게는 우정의 선물을 받았다. 언제 갚아야 할지 감사한 마음보다는 미안한 마음으로 살아가고 있다. 손을 꼭 잡고 내 건강을 챙겨주는 남편을 살며시 보았다. '정말 내 인생의 가장 소중하고 값진 선물이 남편이구나' 생각되었다. 따뜻한 미소로 내 마음을 전했다.

신라 불교가 전해지는 이곳 팔공산 꼭대기에 학사모 같은 갓을 쓰신, 위엄 있으면서 청정한 자태의 부처님을 보는 순간 나도 모르게 합장했다. 부처님과 눈맞춤을 하며 가볍게 서서 삼배를 했다. 공양미를 올리고 촛불도 밝혔다. 골바람이 부는 차가운 바닥에서 많은 신도가 절 공양을 하고 있었다. 나도 추위를 잊은 채 복덕과 지혜를 갖추신 부처님께 '감사합니다. 덕분입니다.' 하며 108배를 했다. 절을 하는 동안 내 몸속에서 무언가를 외치는 소리가 들렸다. 마음속에선 답답함이 사라졌다. 기도를 마치고 밝은 마음으로 계단을 걸어 내려오며 모든 탐욕貪慾을 버렸다.

파란 하늘의 흰 구름도 건강한 마음을 같이했다. 집에 있는 아픈 딸에게 부처님이 건강의 가피를 주셨다고 같이 하자고 메시지를 보냈다. 한참 내려오니 달마 스님 전시장이 있어 들어가 보았다. 한쪽에선 스님이 달마의 특징인 굵은 눈썹과 턱수염을 신기하리만큼 잘 표현하며 그리고 계셨다. 스님께 묵언하며 인사를 했다.

찬불가 합창을 지도할 때다. 내가 운영하는 음악학원에 금은방을 하시는 거사님이 오셨다. 달마 스님을 금으로 그린 아담한 액자를 선물해 주셨다. 합창단 소리를 들으시며 부처님 품 안에서 행복하셨다고 했다. 거사님이 주신 귀한 선물을 나이지리아에 가 있는 아들에게 주었다. 멀리 있지만, 부처님 품 안에서 행복하기를 발원하며 선물을 했다. 전시장을 나와 시원하고 상쾌한 마음으로 선본사를 향해 발걸음을 옮겼다.

갓바위 약사여래 부처님, '우리 가족의 건강을 지켜주시고, 인연이 있는 모든 분에게도 가피 내려주소서.'

스스로 만든 밝은 마음

극락조 합창단 공연을 보기 위해 예술의 전당을 찾았다. CJB 아나운서가 찬불가 공연 멘트를 했다. 관음사가 천 년이 된 날이라 더욱 뜻깊은 음악회라고 하면서 진행을 했다.

관음사에는 신라 말 고려 초기에 주조鑄造된 철확鐵鑊, 철로 만든 솥이 법당 앞에 보존되어 자리 잡고 있다. 이 솥을 보며 '옛 계향사구나' 생각하며 지나쳤다. 오늘 음악회에서 천년 고찰과 함께 부처님의 공덕을 다시 한 번 깨닫게 되었다. 합창단의 '참 좋은 인연입니다' 노래는 경쾌하면서도 모든 인연에 감사하는 법문으로 내 마음속에 깊숙이 자리했다. 또 '한 알 한 알 백팔 꽃으로, 인연의 향기로, 가슴에 꽃밭이 되었다.'는 노랫말은 내가 살아있음에 감사하는 마음이다. 90명 혼성 합창단의 찬불가는 한 음 한 음이 부처님 곁으로 이끄는 천상의 소리였다.

친정 모친의 권유로 찬불가를 가르치기 위해 1995년 관음사를 찾았던 생각이 난다. 천불전을 지을 때라 연습할 장소가 없어 안타까웠다. 법당에서 예불할 때면 피아노가 없어서 연습하기 곤란했다. 그래도 부처님의 공덕으로 즐겁게 찬불가를 불렀다. 지휘할 때 보면 단원들의 미소는 밝은 부처님의 미소였다. 9년 6개월 동안 단원들과 동고동락을 같이 하며 불교에 관해 아무것도 모르던 내가 부처님의 품 안에 안겼다.

겁 없이 10남매 집의 며느리가 되어 힘든 날도 많았다. 그럴 때면 부처님을 찾았다. 절 위치가 산 중턱이라 시내가 아름답게 보인다. '저 많은 집에 사는 중생들도 나처럼 힘들겠지' 하며 스스로를 위로 했다. 한 시간 정도 법당에 앉아 있다 보면 누가 달래주지 않아도 스스로 마음의 정리가 된다. 많게는 2시간 정도 아무 생각 없이 앉아 있기도 했다.

어느 날 기도하러 올라와 보니 천불전 반대편 산언덕에 아담한 원두막 쉼터가 보였다. 스님께서 나를 위해 만들어 놓으신 것처럼 반가웠다. 커피 한 잔을 들고 종무소 앞 책꽂이에 꽂혀 있는 법공양 책을 한 권 빼 들고 원두막 쉼터에 앉았다. 책을 읽는 동안 행복했다. 집안에 복잡한 일도 잠시 내려놓았다. 마음을 다스리며 마조스님께서 하신, '마음이 부처다'라는 법문을 떠올려 보기도 했다.

항상 밝은 미소로 맞이해 주시는 극락전의 아미타 부처님, 관세음보살님, 지장보살님은 나와 희로애락喜怒哀樂을 같이해 주신다. 고민이 있고 속상한 일이 있으면 누구든지 절에 오라고 권하고 싶다. 절에서 시내를 내려다 보고 있노라면 부처님 품 안에 안기며 스스로 밝은 마음이 된다고 확신한다.

찬불가 발표회를 보고 맑은 마음이 되어 예술의 전당을 나오는데 남편이 웃으면서 이야기를 했다. 새 찬불가를 만들 수 있도록 13곡이나 작사하신 스님의 원력에 놀랐다고 한다. 큰 규모의 찬불가 창작 발표회를 통하여 공덕을 쌓게 해주심에도 감사드린다고 했다. 나도 한마디 했다. “극락조 합창단의 소리 공양은 천상의 소리였어요.”라고. 남편은 감명 깊은 부처님 법문 찬불가 공연을 보고 간다고 하면서 환한 미소를 지었다. 그 옛날 합창단 반주를 해주던 셋째동생 천수심도 남편과 함께 밝은 모습이다.

‘부처님, 찬불가 발표회에 오신 모든 분이 부처님 품 안에서 환한 등불 되게 하소서.’

칠갑산 자락

대천 여행길에 청양 장곡사를 찾았다. 칠갑산 등산로 입구라 많은 등산객과 차량으로 복잡했다. 초겨울 입문인데도 철 늦은 단풍이 소슬바람과 함께 가을을 보내기 싫은지 곱게 물들어 있다.

장곡사는 대웅전이 두 개가 있는 절로, 약사여래 부처님께 건강을 발원하는 신도들이 많이 찾는 절이다. 통일신라시대 때부터 1200년을 부처님과 함께하는 고즈넉한 산사라 그런지 가끔 생각나고 찾고 싶은 곳이다. 하대웅전에는 보물 제181호인 금동약사여래불이 봉안되어 있다. 상대웅전에는 보물 제162호인 철조약사여래불과 좌상석조대좌가 같이 모셔져 있다. 미륵불 괘불대와, 하대웅전 앞에 있는 철조비로자나불은 우리의 자랑스러운 문화유산으로 조상의 얼이 숨 쉬는 곳이다.

하대웅전에서 부처님께 참배 드리고 나오다가 재미있는 문구를 보았다. '왜 호랑이가 산에 없는지 아세요? 호랑이 담배 피우던 그 시절에 호랑이는 모두 폐암으로 죽었다는 설이 있습니다.'라고 적혀 있었다. 많은 참배객과 등산객들이 찾는 고찰이라 금연하며 불조심하여 부처님

성전을 지켜달라는 부탁 말씀이었다. 한순간의 잘못으로 수천 년 역사를 지닌 문화재들을 잃는 모습을 종종 보기도 한다. 정말 안타까운 일로, 모든 등산객들이 꼭 읽고 우리 문화재 지킴이가 되길 바라는 마음이 솟는다.

하대웅전에서 상대웅전으로 올라가는 계단은 확실히 세어보지는 않았지만 108계단 정도 되는 것 같았다. 아름답고 고풍스러운 계단의 중간에 앉아 남편과 손잡고 사진을 찍었다. 상대웅전 옆에는 키가 큰 감나무가 있었다. 지난해 겨울에 찾았을 땐 까치밥이라고 하기에는 너무 많은 감들이 매달려 있어 절집의 넉넉함을 보았었다. 이번에는 몇 개 달리지 않은 감을 까치들이 쪼며 날고 있었다. 그래도 까치들은 좋은지 우리를 반기느라 떼 지어 노래를 한다.

삼성각에 가서 참배하고 좋은 인연 맺게 해달라는 나무로 만든 큰 복주머니를 안고 보니, 내 주변에는 항상 좋은 인연들이 많고 그들과 함께 살아간다는 고마운 생각이 든다. 부처님 법문 법망경에서, '부부는 칠천 겁의 인연이 쌓여서 부부가 된다.'고 하였다. 남편과 예쁜 딸과 믿음직한 아들과의 인연은 가족이라는 사랑의 울타리가 된 귀한 인연이다. 그들은 내 마음속에서 빛을 밝혀 주며 꽃과 열매도 맺어준다. 찬불가 '참 좋은 인연입니다.'처럼 인연이 있는 곳에는 생명이 있고, 기쁨도 슬픔도 같이한다.

삼성각 옆길 등산로에는 절 기왓장에 '안전하고 즐거운 등산길 되십시오. 나무 약사여래불'이라고 적혀 있었다. 절 인심이 등산객들까지도 인연의 공덕으로 건강 발원을 해주고 있었다. 비탈길엔 커다란 돌을 깔아 넘어지지 않도록 해놓았다. 상대웅전과 삼성각을 뒤로하고 내려오면서 눈부시도록 하얗게 부서져 내리는 햇살을 보았다. 내 마음이 비워지며 발걸음이 더욱 더 가벼워졌다.

맑은 공기 마시며 찾는 칠갑산 자락이 내가 가는 인생길의 쉼터가 되어준다. 내 마음의 노트에 장곡사 약사여래 부처님 두 분을 정중히 올렸다. 이번 여행은 인연의 소중함과 등산객들까지도 건강을 발원해 주시는 스님들께 보시布施 바라밀의 깨달음을 배운 고마운 날이다.

3부

설거지와 명품인생

내 노년의 삶은

남편이 교직 생활 42년의 마무리를 잘한 덕분에

평안한 삶을 살고 있다고 생각된다.

청계青鷄들의 앵콜송

청명한 가을 아침이다. 남편과 같이 시동생의 별장 '화양산방'에 왔다. 차에서 내리자마자 청계들이 '꼬끼오' 하는 사랑의 앵콜송이 들린다. 이 닭들은 초여름에 화양산방의 식구가 되었다.

가을 햇살과 함께 김장배추에 아침이슬이 함초롬히 반짝인다. 청계가 잘 있나 궁금하여 닭장으로 갔다. 청계들은 비닐하우스에서 놀고 있었다. 그중 수탉 한 마리가 내 주위를 돌다가 시원하게 목청 높여 테너로 뽑는다. 청계는 내 마음을 아는 듯 날개를 펴고 사랑의 앵콜송을 부른다. 옆에 있던 수탉들도 같이 이중창 삼중창으로 거든다.

청계는 노래를 부른 후 빨간 벼슬을 뽐내며 천천히 걷는다. 청계 수탉의 모습은 짙은 회색과 흰색의 깃털로 쌓여 있다. 붉은 볏은 회색 몸통과 조화를 이루어 정말 우아하다. 벼슬이 작은 암탉은 수탉을 쫓아다니며 사랑을 받고 싶은지 수탉의 깃털을 물어뜯고 있다. 수탉은 붉은 볏으로 자존심을 세우며 못 본 척 딴전을 피운다.

암탉 한 마리가 땅을 파며 놀고 있다. 수탉 한 마리가 심술부리며 달려와서 깃털을 물더니 사랑의 노래를 부른다. 암탉은 '꼬꼬' 하며 조용히 응답한다. 병아리들은 엄마의 등 위에 앉아있기도 하고 무언가를 찾으며 종종 걸음을 걷는다. 이 모습을 보며 '사랑은 사람만이 하는 게 아니구나' 하는 생각이 들었다. 닭들의 사랑하는 모습을 보니 한 편의 오페라에서 아리아를 듣고 보는 듯했다.

대부분 동물은 수컷이 암컷보다 자존심이 강하고 힘이 세며 외모가 아름답다. 청계도 수탉이 암탉보다 아름답고 당당하게 보였다. 노랫소리 또한 수탉은 테너로 씩씩하고 암탉의 소리는 조용하다.

'어머니는 강하다.' 라는 말은 암탉에게도 다를 바 없다. 푸른빛이 감도는 청계 알을 따뜻하게 품고 살피며 사랑으로 자식을 만든다. 어머니가 아들, 딸 낳아 기르는 것처럼 어미 암탉을 따라다니는 병아리들이 걷는 모습이 정겹다. 친정 여동생이 닭띠인 자기 아들에게 "바쁘게 돌아다니며 파닥거리기만 하지, 날지도 못하는 것이 닭이야." 하며 너스레를 떨던 모습이 생각난다. 닭들은 날개를 펴고 날아보려고 하지만 조금 위로 날아오르다 비명에 가까운 소리와 함께 포기하는 모습이 귀엽기도 하고 안타깝기도 하다.

풀밭에는 철늦게 핀 민들레가 풀밭에 외롭게 피어있다. 정말 철부지 꽃이다. 사람 중에는 나이가 들어서도 철모르는 어린아이처럼 날뛰는 사람들도 있다. 그들은 항상 들썩거리며 아무 때나 아무 곳에서나 끼어들어 일을 망치기도 한다. 오늘 본 철부지 민들레는 청계의 앵콜송을 듣기 위하여 한 송이 꽃을 피웠나 보다.

연약한 민들레는 살기 위해 온 힘을 다해 꽃을 피운다. 운 없게 병아리 가족을 만나면 풀밭을 모두 헤집어 놓는다. 그 결과 힘없는 민들레는 원하지 않는 생을 마감할 것으로 생각하니 안쓰럽게 보인다.

가을 하면 고추잠자리인데 잠자리가 보이지 않는다. 청계의 맑고 청아한 '꼬끼오' 소리가 좋아 마음을 내려놓고 어디선가 듣고 있지 않을까 생각되어 찾아보았다. 민들레꽃에 앉아서 큰 눈을 굴리며 닭들과 놀고 있는 고추잠자리를 찾았다. 여러 마리의 고추잠자리가 보인다. 감나무에 앉았다가 나들이하며 사랑의 노래를 부르는 청계 가족들과 인사하고 파란 하늘로 날아간다.

화양산방 입구에는 산뽕나무가 가을 햇살과 함께 화양산방을 지키고 있다. 말없이 푸른 잎으로 자태를 뽐내다가 아름다운 붉은 꾸지뽕 열매로 산방을 찾는 모든 이들에게 꿈을 선사한다. 산뽕나무도 열매를 맺기까지 산방친구들과 '꼬끼오' 노래를 들으며 즐겁게 지냈으리라 생각된다. 꾸지뽕 열매를 먹어 보았다. 처음으로 맛보아서 신기했다. 달짝지근한 맛과 신맛이 혓바닥으로 스며든다. 열대과일과 비슷한 느낌이었다. 붉고 동그란 열매에서는 노랫소리가 들리는 것 같다.

오늘도 청계들은 화양산방 정다운 가족이 되어 목청 높여 사랑의 앵콜송을 부른다. '꼬끼오 꼬꼬.'

설거지와 명품인생

남편이 설거지를 하고 있다. 내가 바쁘거나 몸이 불편할 때는 항상 도와준다. 옛날 어른들 같으면 큰일 날 일이지만 세월의 흐름에 따라 남편들이 변하고 있다. 남편은 퇴직한 후 칠순을 향해가는 내가 애처로워 보이나 보다.

절 공양간에서 공양하는 많은 신도를 본다. 대부분 그릇에 음식물 찌꺼기가 남지 않도록 먹을 만큼 음식을 담아 소리 없이 조용히 공양한다. 공양 후 본인이 사용한 그릇을 깨끗하게 씻어 놓는다. 흐르는 물에 마음의 얼룩을 지우며, 다음 공양에 사용할 수 있도록 준비하며 참선을 한다. 가정에서 사용하는 그릇 또한 재사용하기 위해 닦다 보면, 인생의 희로애락喜怒哀樂을 느끼며 상쾌해진다.

스트레스가 느껴지는 날, 나는 주방의 그릇을 모두 꺼내어 윤이 나게 닦으며 '이해합니다.' 하는 마음으로 정리한다. 가정에는 말없이 표 나지 않는 일을 해내는 주부가 있어 화목하다. '설거지는 마누라 차지다.'라는 옛말이 있다. 설거지뿐 아니라 일 뒤의 처리는 모두 아내에게 맡긴다는 말이다. 그러나 요즈음 사회풍토가 당연한 듯 남편이 주부의 힘든 일을 나누어 해주며 삶의 탑이 무너지지 않게 쌓고 있다.

아들이 결혼 후 그의 집에서 하룻밤을 지냈다. 새벽녘에 밥하는 소리가 들려서 며느리가 일찍 일어났다고 생각하며 주방으로 가보았다. 며느리는 자고 있고 아들이 미역국을 끓이고 밥을 하고 있었다. 그때 마음은 아들 가진 부모는 똑같은 심정일 것으로 생각한다. 아들의 등을 치며 속상해서 이 광경을 어떻게 설명할 것이냐고 물었다. "엄마 세상이 바뀌었어요" 하며 며느리가 아기를 가져 힘든데 당연한 일을 가지고 소란 피우지 말라고 하며 행복한 얼굴이었다. 신이 나서 밥하고 설거지하는 아들에게서 사랑의 아리아가 들리고 있었다.

설거지하려고 수도꼭지를 틀다 보면 처음에는 물이 사납게 튀며 물소리가 크게 들린다. 그러다가 그릇에 물이 차오르면 약해지다가 더는 튀지 않는다. 계곡의 여울물은 요란하게 소리 내지만 큰 강은 물이 흐르는 소리를 내지 않는다. 사람도 큰 인물은 침묵할 줄 안다. 그러나 조금 아는 사람은 침묵하지 못하고 계속 시끄럽단다. 어느 스님으로부터 '설거지와 명품인생'에 대한 법문을 들은 적이 있다.

성지 순례에 가서 공양 후 설거지를 여러 번 했다. 한 사람이 빈 그릇을 옆에 갖다 놓으면 계속 그릇이 쌓인다. 규모가 작은 절에서는 추운 겨울에도 밖에서 설거지한다. 쪼그리고 앉아 힘든데다가 고무장갑을 끼었어도 손가락이 시리고 아팠다. 설거지를 마치고 하늘을 보면 하늘이 나를 칭찬해 주는 것 같고 마음의 검은 그림자까지 다 가져간 것 같아 상쾌했다. 설거지 도중 세제와 물이 묻은 그릇은 매우 미끄럽다. 약하게 잡으면 그릇을 놓치게 된다. 이처럼 설거지를 한 후에도 마무리가 중요하듯 명품의 삶을 살아가려면 삶의 마무리를 잘해야 한다.

황혼기가 되기까지 내 삶을 돌아본다. 딸, 아내, 엄마, 할머니, 선생님의 위치에서 불을 밝히며 바쁘게 정진하며 살아왔다. 이젠 마무리하는 마음으로 '감사합니다. 덕분입니다.' 하는 생각으로 오색등을 밝히고 싶다.

남편이 설거지할 때 보면 정말 깨끗하게 마무리를 하며 즐거워하는 표정이다. 내 노년의 삶도 남편이 교직생활 42년의 마무리를 잘한 덕분에 평안한 삶을 살고 있다고 생각된다. 남편의 설거지 하는 모습 속에서 명품 인생 아리아를 찾아 불러본다. 마음의 오색등을 밝히며.

평범한 하루가 행복이다

매미소리가 길다. 일요일 아침, 굼뜨게 늦장 부리고 싶었다. 매일 아침 책 겸 가던 절에도 가지 않았다. 딸아이가 '다녀오겠습니다.' 소리와 함께 싱그러움을 보이며 등산가방을 메고 나간다. 젊음이 부럽기도 하다. 일어나 창밖을 보았다. 좀처럼 보기 힘든 맑은 파란 하늘이 하루를 열고 있었다. 한참 동안 멍청하게 서서 바라보았다.

남편과 조촐하게 아침 식사를 마친 후 머리가 무거워 수지침에서 배운 뜸자리를 찾아 손바닥에 뜸을 떴다. '전국노래자랑'도 보았다. 밝은 모습의 출연자들과 국민오빠 '송해' 님을 보니 내 마음도 같이 밝아진다.

점심을 먹고 공원이라고 하기에는 작고, 산이라고 하기도 어설픈 집 근처에 있는 월명공원을 찾았다. 공원에는 작고 아담한 평화사가 있다. 법당에 들어가 보니 한 보살이 땀을 흘리며 열심히 기도하고 있었다. 나는 매일 아침 건강을 지키고 부처님을 만나러 가벼운 마음으로 절을 찾는다. 오늘은 쨍쨍 내리쬐는 햇볕과 함께 낮에 절을 찾았다.

채송화가 살피꽃밭에 앙증맞게 색색가지로 피어 자

태를 자랑하고 있다. 작은 새들도 포롱포롱 날아다닌다. 꽃을 보며 오늘은 무슨 색깔일까 생각해본다. 내 마음이 밝으니 어두운 갈색은 아닌 것 같다. 지금의 나를 색으로 표현할 수 있다면 텅 빈 느낌의 흰색이었으면 좋겠다. 아무것도 없는 흰색 위에 오늘을 그려보고 싶다.

절 마당 한쪽에 있는 원두막 모양의 쉼터에 앉아있다 보니 어릴 적에 올라가 본 원두막이 생각난다. 내 기억 속의 원두막은 기둥을 세우고 수수깡을 엮어 발을 펴고 지붕을 이엉으로 둘러놓은 최상의 쉼터였다. 지금의 쉼터보다 견고하지 않고 허술하게 지은 원두막이지만 운치가 있었다. 이제 내 안에도 원두막 하나를 세우고 싶다. 마음속 먹구름이 소나기가 되어 내려도 쉬어 갈 수가 있게 원두막 같은 존재가 되고 싶다.

부처님께 합장하고 집으로 돌아오는 길에 여학생 둘이 손을 잡고 정답게 웃으며 지나가는 모습을 보았다. 활짝 핀 채송화처럼 밝은 얼굴이다. 자전거를 타고 가는 청년도 보았다. 좋은 일이 있는지 환한 얼굴이다. 언젠가 얼굴 속에 담긴 인생에 대해 법문을 들었다. 그날 집에 와서 거울을 보며 웃는 모습, 밝은 모습의 얼굴을 연습해 본 적이 있다.

119 구급차가 요란한 사이렌 소리를 울리며 지나간다. 누군가 심각한 환자가 탄 것 같다. 병원에 가보면 환자, 보호자, 간호사, 의사들이 정신없이 바쁘다. 가족이 병들

어 고통 받을 때의 깊은 아픔은 생각하기조차 싫다.

내가 수술했을 때, 남편이 119구급차를 탔을 때, 딸아이가 수술했을 때의 모습이 떠오른다. 방금 지나간 구급차 속의 환자가 속히 쾌유하기를 기도해 본다.

아파트 단지에 들어서니 경비 아저씨가 반가운 얼굴로 인사를 하신다. 매일 돋아나는 잡초를 뽑고 청소를 하시면서도 환한 모습이다. 본인이 하는 일을 즐기는 행복한 얼굴로 보인다. 가장 평범한 하루가 행복한 하루다. 그런데도 우리는 날마다 되풀이되는 일상 속에서 자꾸만 뭔가 특별한 일을 만들고 싶어한다.

하늘의 흰 구름처럼 평안한 하루가 얼마나 행복한 것인지 생각하지 못한다. 아무 일도 일어나지 않는 평범한 그 날이 얼마나 귀한 날인지 모른다. '여보' '엄마' 밝은 소리로 부르며 현관으로 들어오는 것도 행복의 값진 소리다. 집안으로 들어서니 조용한 미소로 빙그레 웃어 주는 남편이 정말 고맙게 느껴진다.

여전히 매미 소리는 시끄럽다. 한 생각 돌려 여름을 보내는 웅장한 심포니로 들어 보니 그럴싸한 1악장으로 들린다. 평범한 일요일, 행복한 하루를 감사하게 보내며 매미들의 심포니를 듣는다.

안타까운 등꽃

찬불가를 들려주며 화단의 화초들과 아침 예불을 한다. 꽃들에게 부처님 노래를 20분씩 들려주는 일도 20년이라는 세월이 흘렀다. 아파트 베란다의 자그마한 화단이지만 손자, 손녀가 자라듯 무심코 쳐다보면 어느새 훌쩍 커서 꽃을 피우고 싱싱한 잎들도 뽐내는 우리 집의 자랑거리다.

매년 생일에 음악학원 원장님들이 보내 준 여섯 개의 화분 속 동양란들도 병들지 않고 잘 자라서 꽃을 피워 사랑을 받는다. 소나무 분재, 무화과, 만냥금, 제라늄과 여러 가지 야생화들이 봄이 되면 긴 겨울잠에서 깨어나 봄의 팡파르를 울린다. 모두가 잘도 자란다. 아침에 들려주는 노랫소리와 함께 사랑의 이야기가 듬뿍 담긴 화단이다.

얼마 전 괴산 장날 사온 등꽃 씨를 심었다. 빨래 건조대에 줄을 매 주었더니 주렁주렁 등이 달리며 잘 자랐다. 등이 줄을 타고 달린 모습을 보니 인연 따라 만들어진 가족이 생각난다. 아침에 물을 주며 둘러보니 등꽃 잎이 병이 나서 말라가고 있었다. 화단의 가족들과 행복하게 사랑의 찬가를 부르던 부부의 등, 형제자매의 등 모두가 안타깝게 병이 났다.

남편에게 화초를 살펴보고 진딧물이 있으면 약을 뿌려 주라고 하자, 남편이 보고 웃으며 "오갈병이네" 하며 치료 방법이 없다고 했다. 나는 처음 들어 보는 병이어서 혹시 물달팽이나 벌레들이 첩자로 숨어들어 뿌리를 자르고 있나 주변을 자세히 살펴보았다. 다른 꽃들은 함초롬히 정답게 잘 자라고 화단의 흙이 촉촉하므로 시기 질투한 굼벵이, 달팽이가 저지른 일은 아닌 것 같았다.

어릴 적 할아버지와 살피꽃밭에 물을 주며 등꽃이 피기를 기다렸던 적이 있었다. 가을이 되어 등이 달리면 몇 개의 등이 달렸나 세어보던 생각도 났다. 올 여름 예쁜 등꽃을 보려고 했던 내 희망이 좌절되고 말았다. 속이 상해서 잎도 만져 보고 줄기를 자세히 들여다보았지만, 어쩔 수 없다는 남편 말에 힘이 빠진다. 사람은 난치병인 암에 걸려도 치료를 잘 받으면 사는데 힘없는 식물은 걸리면 죽는 무서운 병에 대책이 없구나, 생각하며 측은하게 바라보았다.

몇 년 전 건강진단 결과 머리에 큰 종양이 있다고 대학병원에서 수술을 받으라는 이야기를 들었다. 무섭고 두려워서 6개월 뒤로 수술을 미루었다. 매일 손바닥에다 수치 침에서 배운 뜸을 기본자리에 다섯 번씩 뜨며 기도를 했었다. 다시 진찰을 받아 보니 기적이 일어났다. 종양 크기가 표가 나지 않을 정도로 조금 줄었다고 의사 선생님이 말씀하시며 수술을 안 해도 되겠다고 하셨다. 악성 종양이 아니고 확실히 양성 종양이므로 1년 뒤에 다시 보자고 하셨다. 하늘을 나는 기분이었다. 몇 년 후 어지럽고 앞이 잘 보이지 않아, 서울에 있는 큰 병원에서 머리를 열지 않고 192개의 방사선 감마나이프로 MRI, CT와 함께 센서를 붙여 수술을 했다.

나는 검사를 해보고 현대의학의 놀라운 의술로 수술도 했지만, 안타까운 등꽃은 어떻게 해야 하나 생각 하며 인터넷에서 치료 방법을 찾으려고 검색해 보았다. '오갈병'은 벼나 과일나무에 걸리는 병으로 잎과 줄기가 말라 '위축병'이라고도 하며 미리 예방하기 위하여 농약을 쓴다고 하는데 이미 늦어 하릴없는 일이었다.

남편이 "옛 조상들은 대추나무에 오갈병이 걸리면 대추도 달리지 않고 옆의 나무에 전염될까봐 베어버렸어." 하며, 대수롭지 않게 생각 하는 거 같았다. 마른 등꽃 잎과 줄기를 보니 정말 방법이 없을까 안타까웠다.

머릿속의 종양을 낫게 해달라고 기도하여 방사선으로 수술하는 기적을 만든 것처럼 이제부터 아침기도 시간에 등꽃을 위한 기도를 같이 해야겠다. 화단 가족들은 보잘것없는 식물이지만 아침마다 찬불가를 들으며 함께 하자고 약속하는 모습이 애틋하게 보인다.

시끄럽고 길게 우는 매미 소리도 등꽃을 위한 사랑의 아리아로 들린다. 안타까운 등꽃이 쾌유하여 조롱조롱 매달리며 노래하길 기대해본다.

비 오는 날의 추억

실비가 내린다. 개구쟁이들이 물장난하며 뛰어간다. 전날까지 장맛비가 세차게 오더니 오늘은 새색시처럼 포슬포슬 내리고 있다. 나는 빗소리를 좋아한다. 비가 오면 우산 속 나만의 공간이 특별하게 느껴지며 가슴이 후련해진다. 누구도 빗소리를 들으며 걷는 이에게 관심을 두지 않기 때문이다. 언젠가 하릴없는 일이 생겨 속상해서 한 시간 동안 엉엉 울면서 걸은 적이 있었다. 걷다 보니 개구리가 작달비를 피해 호박잎 우산을 쓰고 개굴개굴 노래하고 있었다. 가만히 들여다보니 앙증맞게 작은 개구리가 펄쩍 뛰어 내 곁으로 왔다. 가족 나들이하던 개구리들이 노래로 내 마음을 달래주는 것만 같았다.

초등학생들이 부르는 동요를 곱씹어본다. '도랑물 모여서 개울물, 개울물 모여서 시냇물' 개울물이 이 골 저 골에서 나오는 물과 만나 강물 되어 흘러간다. 이처럼 물은 흐르면서 주변의 온갖 식물들의 젖줄이 된다. 무심천에 쏟아져 흐르는 세찬 물결을 구경한 적이 있다. 장마철이라 물결 위로 각종 생활용품이 떠내려가는 것을 보며 안타까웠다. 흐르는 것이 무심천뿐이랴, 사람의 몸속에 들어온 물도 이 골 저 골 흐르듯이 쉬지 않고 돌아다닌다. 식중독이 되어 수액을 맞은 적이 있다. 수액이 들어가는 동안 물이 몸속으로 들어가는 것을 느낄 수 있었다.

초등학교 다니던 시절 비가 오는 날은 동네 어른들과 신이 났었다. 그물과 양동이를 가지고 동네 앞을 흐르는 개울로 가서 시냇물과 연결된 작은 도랑에 그물을 치고 붕어, 미꾸리 등을 잡았다. 친구들과 신기한 듯 구경을 했었다. 잡은 고기가 양동이로 가득 차면, 이웃끼리 나누어 가졌다. 우리는 할아버지께서 붕어를 손질해 주시면, 어머니가 콩과 깻잎을 넣고 요리를 해주셨다. 온 가족이 둘러앉아 따끈한 붕어찜, 미꾸리탕을 감자와 함께 먹던 일이 그리움으로 남아있다.

비가 전혀 오지 않는다고 생각해보자. 땅이 갈라지며 식물은 자라지 못하고 모든 생활이 마비된다. 비는 우리 마음속에도 내려야 한다. 살아가는 동안 힘들게 타고 있는 잉걸불을 비로 다스려야한다. 촉촉한 마음의 비는 산, 들, 강물과 함께 넉넉한 삶과 추억을 만들어 줄 것이다.

황혼기의 나이지만 음악학원에서 귀염둥이들을 가르치고 있다. 꼬마 천사들은 비 오는 날에 좋아하는 캐릭터가 그려진 우산과 장화를 신고 뽐내며 학원에 온다. 비옷까지 입고 와서 자랑하는 귀염둥이가 있다. 반면에 인사도 하기 전에 신발이 젖었다고 우는 아이도 있다.

수건으로 닦아 주며 "비를 맞아야 선생님처럼 큰다"고 너스레를 떨며 달래주기도 한다. 이 또한 비 오는 날의 추억이 되리라 생각된다.

내 어릴 적 50년대는 우산이 귀해서 비닐로 몸을 덮기도 하고 웬만한 비는 맞으며 씩씩하게 놀았다. 지금은 모든 것이 풍요로운 세상이지만 비와 함께 그리움도 만들고, 사색하는 추억이 있으면 좋겠다.

비는 시골집 마당에도 아파트 정원에도 골고루 내린다. 내 마음이 기쁠 때는 우산에 떨어지는 빗방울이 왈츠로 들리고 마음이 무거울 때는 돌개바람과 함께 웅장한 오케스트라가 되기도 한다. 이처럼 비는 우리의 삶과 뗄 수 없는 밀접한 관계가 있다. 빗물에서 뛰어다니는 개구쟁이들을 보며, 삶의 답답함을 달래준 빗소리와 우산 속에 담긴 나만의 추억을 꺼내보았다.

예방주사

독감 예방주사를 맞았다. 병원에 온 초등학생이 주사를 맞지 않겠다고 우는 모습을 보고 옛 생각이 난다. 담임을 맡았던 학생이 열이 많이 나서 의료원 응급실로 실려 갔다고 학교 당직실에서 전화가 왔다. 낮에 학교에서 예방주사를 맞은 후유증이라고 한다. 저녁을 먹으려고 앉아 있다가 놀라서 병원으로 달려갔다.

초등 1학년 어린아이라 그런지 힘없이 눈을 감고 누워 있다가, 학생 어머니가 담임 선생님이 오셨다고 하니까 눈을 살며시 떴다가 다시 감았다. 어머니의 이야기를 듣고 놀라 아슴아슴 한기까지 돌았다. 팔뚝에 맞는 예방주사를 오른쪽, 왼쪽에 다 맞았다고 했다. 열이 떨어졌으니 다행이지 정말 아찔한 사건이었다.

70년대 초반에는 1학년 입학생이 많아 교실이 부족했다. 내가 담임한 학생 수도 80명이나 되어 줄을 세워 놓아도 무섭다고 겁에 질려 우는 아이, 도망가는 아이 등 정말 힘들었다. 옷을 걷어 올려주고는 "잘 참는구나, 참 착하다." 하며 칭찬을 해주면 얼굴이 빨개지면서 예방주사를 맞던 개구쟁이들이 생각난다. 주사를 맞고 난 후 작은 사탕을 한 개씩 입에 넣어주면 엉덩춤을 추던 귀염둥이들이다. 응급실에 실려 간 개구쟁이가 깨어나더니 웃으며 선생님께 칭찬도 받고 사탕도 한 개 더 먹으려고 다시 줄을 서서 예방주사를 또 맞았다고 했다. 많은 사랑과 칭찬이 필요한 학생이었다.

다음 날 교감 선생님께 아동 관리를 못했다고 꾸중을 들었다. 교실에 와서 반 학생들을 보니 웃음도 나오고, 그 옛날 내가 학교 다닐 때 생각이 났다. 4학년 때 예방주사를 맞지 않겠다고 울면서 도망갔다가 담임 선생님께 붙잡혀 와서 꾸중을 듣고 예방주사를 맞았던 일도 생각난다. 옛 생각을 하며 반 학생들에게 "예방주사는 꼭 한 번만 맞는 거야. 두 번 맞으면 안 돼" 하며, 응급실에 누워있던 아이를 쳐다보았다. '선생님의 허락 없이 예방주사는 2대 맞았지만 씩씩한 어린이'라고 칭찬까지 곁들이자, 얼굴이 붉어지며 방긋 웃던 제자의 모습을 잊을 수가 없다.

요즈음은 독감, 폐렴 예방주사 등 많은 종류의 예방주사를 선택하여 맞고 있다. 엉뚱한 생각 같지만, 사회의 악을 뿌리 뽑을 수 있도록 바르게 사는 예방주사는 없을까 생각해 본다. 어린 천사들이 그 주사를 맞고 성인이 되었을 때 번뇌를 껴안고 살아갈 수 있다면 TV에 종종 나오는 삿된 일들은 일어나지 않으리라 믿는다.

지금은 부모들의 과잉 사랑으로 어린아이들이 가는

바른길의 방향을 바꾸고 있다. 결과는 생각지 않고 내 자식만 품에 안는다. 항상 엄마 품에 자식을 넣고 다니는 캥거루도 본인 스스로 걸을 수 있으면 새끼 캥거루를 세상 밖으로 내보낸다. 날아가는 새들도 날 줄만 알면 무성우리만큼 야멸차게 부모 곁에서 떠나보낸다. 우리 인간도 부모교육이 정말 중요하다. 판단력이 부족한 어린이 때부터 천천히 인생의 탑을 쌓으며 사회에 필요한 일꾼으로 자립하도록 자녀교육을 시작해야 한다.

작은 포장마차 속에서 엄마와 함께 어묵을 팔던 그 아이는 부모님의 무관심 속에서 선생님께 칭찬을 받고 싶었나보다. 지금도 그늘 속에서 부모님의 사랑, 선생님의 사랑을 그리워하는 아이들이 많다. 주변 사람들의 따뜻한 사랑의 예방주사는 어린 천사들이 성인이 되었을 때 밝은 사회를 만들게 한다. 학원 장학회에서 주는 얼마 안 되는 장학금을 받으러 온 학생들을 보았다. 대부분 정부에서 주는 혜택을 받지 못하고 힘들게 사는 친구들이었다. 부모가 있어도 행방불명이 되어 할머니와 사는 아이들은 부모 때문에 정부에서 주는 도움도 받지 못하고 살고 있었다. 적은 장학금을 받고 감사해 하는 그들을 보면서 우리 어른들의 많은 책임을 공감하게 된다.

예방주사 사건은 경험이 별로 없던 햇병아리 교사 시절, 나에게 사랑과 칭찬이 소중하다는 가르침을 주었다. 지금도 예방주사를 맞으며 우는 꼬마 천사들을 보면 옛 생각이 나며 달콤한 사탕을 손에 쥐여 주고 싶다.

그때 그 시절 제자들도 어디선가 엄마, 아빠가 되어 잘살고 있겠지.

사랑의 유효기간

감기가 들어 병원을 찾았다. 환자가 너무 많아 대기실에 앉을 자리가 비좁다. 할머니 두 분이 아들 이야기를 하고 계셨다. 사랑이 자녀들의 결혼과 함께 메말라간다고 하시며, 속상한 마음을 이야기하신다. '사랑에도 유효기간이 있구나!' 생각되어 할머니들 대화에 관심이 생겨 듣고 있었다.

남편이 아들에게 집을 사주고 부모로서 해야 할 일을 맘껏 하고 결혼을 시켰다고 하셨다. 아들 부부는 결혼 후 일 년이 지나자 부모에게 손을 벌렸다고 한다. 남편이 넉넉하지는 않지만 서운하지 않을 정도로 돈을 주었는데 몇 해가 지나자 다시 사업자금을 요구했다고 하며 눈물까지 흘리셨다. "영감이 가고 난 후라 겁도 나고 나도 살아야 하기에 안 주었어." 하시며 이야기하신다. 그 후 아들, 며느리, 손주들까지 발길을 끊었다고 하며 울먹이신다. 아들이 전화로 "엄마 돌아가시면 제 차지가 될 유산인데 고집부리지 말고 주세요." 하며 소리를 질렀다고 한다.

시대가 변천함에 따라 성인이 되어서도 헛나발로 금수

저 타령을 하는 캥거루족이 많다는 생각이 든다. 부모는 자식을 키우며 온 정성을 다했건만 자식들은 고마움을 모르는 것 같다. 어느 날 맑았던 하늘이 갑자기 천둥과 번개를 치며 작달비가 무섭게 내렸다고 생각해보자. 비를 피하긴 하나 무섭고 평상의 생활이 멈추게 된다. 부모는 자식과 손주들이 커가는 모습을 보며 삶의 행복과 사랑을 느낀다. 해바라기를 하던 자식에게 갑자기 벼락을 맞는 부모의 슬픈 마음을 감히 생각할 수가 없다.

내 어머니도 요양원에 계시면서도 자식 걱정을 하셨다. 손을 꼭 잡으시고 사랑의 눈빛을 주시며 "큰딸 고맙다" 하시던 생각이 난다. 어머니는 계산 없는 사랑을 하셨다. 대학 다닐 때만 해도 어머니와 도란도란 잉걸불을 태우며 사랑의 이야기를 했었다. 결혼 후 '사랑'이라는 두 글자는 어디로 갔을까? 생각할 정도로 부모님께 관심이 줄어들었다. 부모님과 사랑의 유효기간이 대학 다닐 때까지였던 것 같다.

결혼생활이 시작되며 불혹의 나이가 될 때까지는 삶이 힘들어도 남편과 사랑의 종소리를 울렸다. 지천명의 나이가 되며 부모로서 해야 할 일이 정말 많고 힘들어 시간이 어떻게 흐르는지 모르고 살았다. 예순 중반 고개를 넘으며 그날이 그날, 정으로 살게 되는 것을 느낀다. 결혼 생활에도 사랑의 유효기간이 있다는 것을 할머니들의 대화 속에서 새삼 느끼게 된다.

스승과 제자의 사랑을 살펴본다. 학교에서의 12년 생활과 음악학원 30년의 세월 동안 수많은 제자가 내 손을 잡았다. 나 또한 초등학교부터 대학을 졸업하기까지 많은 스승님이 길을 밝혀 주셨다. 「스승의 은혜」 노래처럼 '아 고마워라! 스승의 사랑을' 제자들에게 가르치면서 스승님들의 값진 사랑을 느끼지 못했다. 대학을 졸업하면서 사랑의 유효기간이 끝난 것 같아 아쉽다. 황혼기가 되었지만, 스승님들을 찾아뵙고 옛사랑을 찾고 싶다.

병원 대기실의 두 할머니의 대화 속에서 부모님을 떠올리며 부끄러운 마음에 얼굴이 달아오른다. 부모님과 사랑의 유효기간을 생각하게 된다. 누구든지 삶의 통증과 함께 살아있는 아우성 속에서 아픔과 고통을 안고 사랑을 하며 살아간다. 어려움 속에서도 아름다운 사랑을 찾아나서는 많은 인연이 있기에 밝은 등이 곳곳에서 켜지고 있다.

한숨 쉬는 할머니에게 아들이 사랑으로 찾아주기를 기대해 본다. 또한, 내 가족들이 사랑의 유효기간 없이 한별처럼 살아가기를 발원해 본다. 병원에서의 착잡하고 아쉬운 마음을 첼로 소리와 함께 엘가의 「사랑의 인사」로 껴안으며 커피 한 잔으로 달래본다.

크리스마스의 값진 선물

손자, 손녀, 며느리가 서울에서 왔다. 손주들이 크리스마스 선물로 장난감을 사달라고 했다. 살며시 볼을 스쳐가는 풋눈을 맞으며 장난감판매장에 갔다. 할아버지, 할머니 손을 잡고, 부모와 함께 장난감을 사러온 귀여운 꼬마들이 싱글벙글 신나는 축제일이다. 아기 예수가 탄생하여 온 세계가 사랑을 전하는 따뜻한 날임에는 틀림이 없다.

손주들에게 선물을 사주며 불현듯 옛 생각이 났다. 돌아가신 어머니께 마음속으로 큰 빚이 있다. 중학교 2학년 때다. 예전에 겨울은 황소바람이 불며 지금보다 훨씬 더 추웠던 것 같다. 어머니께서 크리스마스 선물로 검정 코트를 맞추어 놓았다고 하셨다. 어머니 이야기를 듣고 코트가 내 손에 오기를 손꼽아 기다렸다.

어느 날 학교에서 돌아오니 안방 벽에 검정 코트가 걸려 있었다. 동그란 옷깃에 빨간 장미꽃도 달려 있었다. 보는 순간 하늘을 나는 기분이었다. 기쁜 마음도 잠깐, 자세히 보니 동그란 옷깃과 앞주머니 두 개가 코트 바탕 색깔과 달랐다. 오래된 아버지 가을 코트를 검은색으로 염색하여 만들었다고 하셨다. 주머니와 옷깃은 천이 부족해서 색깔이 달랐다. "예쁘지?" 하시는 어머니 얼굴엔 잔줄 웃음이 가득하다. 그러나 속이 상해 학교에 입고 가기 싫었다. 아무 말도 못 하고 굴뚝 뒤에 가서 실컷 울었다.

바로 밑의 여동생은 505털실로 짠 스웨터를 뜨개질 집에서 맞춰 주셨다. 살결이 희고 포스러운 동생은 빨간 빛과 갈색이 섞인 스웨터를 입은 모습이 정말 예뻤다. 여동생은 엄마를 많이 닮았다. 나는 아버지를 닮았다. 본인 닮은 딸만 새것으로 해주신 것만 같아 더 서글피 울었다. '어머니 품도 열어 본다'라는 글을 읽은 적이 있다. 어머니까지도 의심하는 게 자식이라는 말이다. 내가 그랬다. 어머니의 반쯤 풀린 눈동자에서 그렁그렁 매달린 슬픔을 보아도 아무 감정이 없었다. 어머니께 서운한 마음만 앞섰다. 이기적인 자식의 마음도 모르고 큰딸을 챙기시며 맘껏 해주시지 못해 속상하셨으리라 생각된다.

지금은 콜라보레이션으로, 일부러 다른 색상의 천으로 개성 있는 옷들을 만들고 있다. 그 당시에는 기운 것 같은 옷은 가난한 사람들만 입었다. 친구들에게 자랑하고 싶었던 마음은 창피한 마음으로 바뀌었다. 그러나 그 코트를 어머니가 무서워 고등학교 때까지 입었다. 대학 합격통지서를 받고 어머니 몰래 그 코트를 뜯어서 어깨에 메는 가방으로 수선했다. 동생에게는 정말 입히고 싶지 않아서 사고를 쳤다. 나중에 어머니에게 호된 꾸중을 들었다. 덕분에 동생은 새 천으로 만든 따뜻한 코트를 맞추어 주셨다. '그때의 내 마음을 동생이 알까?' 생각해 본다.

부모님이 계시기에 크리스마스에 따뜻한 사랑을 받았다. 시나브로 황혼기가 되어서야 어머니의 사랑을 느낀다. 그 혹독한 추위에도 어머니는 코트는커녕 따뜻한 스웨터 한 장도 입지 못하고 지내셨다. 걷지 못해 요양원에 누워계실 때 어머니를 보면, 차가운 골바람이 가슴에 파고드는 것 같았다. 어머니께 드릴 크리스마스 선물이 무엇일까 생각해 보았었다. 자식인 나의 웃음이었다. 함께 도란도란 이야기하다 보면 어머니도 웃으셨다. 따뜻한 햇볕을 받으며 어머니 손을 꼭 잡고 걷고 싶었지만 하릴없어 안타깝기만 했었다.

이제 어머니는 극락으로 가셨다. 크리스마스 선물로 산타가 그려진 과자를 한 보따리 가지고 친정에 가면 아버지와 어머니가 활짝 웃으시며 좋아하셨는데, 부모님 두 분이 보고 싶다. 귀여운 손주들이 크리스마스 선물을 받고 함빡 웃는 모습을 보며 어머니가 선물해주신 장미꽃이 달린 검정 코트를 떠올려본다. 보고 싶은 어머니.

함께하는 아름다움

학원수업으로 약간의 피곤함을 안고 집에 왔다. 꽃바구니가 눈에 들어왔다. 어찌나 예쁜지 담쏙 안고보니 비발디의 음악이 경쾌하게 들리는 것 같다. 자세히 보니 리본에 '생신 축하드립니다. 건강하세요' 하 고 씌어 있고 다른 한쪽에 딸, 아들, 며느리, 손자, 손녀 이름도 있었다. '내 생일이 가까워 오는 구나'생각하며 쳐다보니 빨간 장미와 함박꽃, 카네이션으로 정성껏 만든 꽃바구니가 웃으며 노래하고 있었다.

남편 생일, 내 생일, 스승의 날, 음악 축제, 연주회, 결혼기념일 등등 꽃 선물을 받고 있다. 친구들과 주변의 지인들은 꽃보다는 용돈을 주는 것이 더 좋다고 이야기를 한다. 그러나 나는 사랑의 꽃을 무척 좋아한다. 꽃바구니 속에는 가족들이 도란도란 함께하는 이야기와 경쾌한 음악이 같이 하기 때문이다.

초등학교 교사 시절이다. 담임을 하지 않고 음악 담당을 하고 있을 때라 시간적인 여유가 많을 때다. 교장 선생님이 살피꽃밭에 피어있는 빨간 샐비어를 한아름 안고 음악실로 들어 오셨다. 웃으시면서 "이 꽃으로 꽃꽂이하든지, 꽃

병에 꽂든지 교장실을 환하게 만들어 줄 수 있겠어?" 하셨다. 꽃꽂이를 한 번도 해본 경험이 없어 매우 당황하였다. 우물쭈물하다가 작은 항아리가 눈에 보여 대강 꽃을 꽂아 교장실에 갖다 드렸다."고마워 예쁘네." 하시는 표정이 꽃처럼 밝아 보이셨다. 그 날 이후 꽃꽂이를 배워야겠다는 생각으로 꽃꽂이 강좌를 듣고 예쁜 꽃들과 친하게 되었다.

시부모님의 회갑, 칠순, 친정아버지의 출판기념회 등 수많은 행사가 있었다. 그때마다 간단한 꽃바구니부터 행사용으로 탁자에 놓는 사방화까지 만들어 선물을 했다. 꽃은 향기로 속삭이고 꽃바구니 속 꽃들의 노래는 감미롭고 아름답다. 수평형 꽃꽂이를 할 때 360도 4방향 모두 메인 꽃으로 장미나 소국을 쓰곤 했다. 꽃을 꽂을 때 화병이건 바구니건 메인 꽃 한 가지로는 장식하기가 어려웠다. 메인 꽃으로 쓰는 장미는 바구니 속에서 큰언니가 된다. 가운데 자리에서 중심을 잡고 당당하게 작은 꽃들을 챙겨 주어 꽃들이 함께하며 향기 잔잔한 아름다운 꽃바구니가 완성된다.

여성들의 외출하는 옷차림을 보자. 먼저 입고 나갈 옷을 정한다. 장신구도 고르고 어울리는 구두와 핸드백도 선택한다. 정리 단계로 머리와 화장도 함께해야 아름다운 옷차림이 된다. 꽃을 꽂을 때도 주제를 정하여 틀을 잡고 나면 여러 가지 꽃들과 소재가 들어간다. 이 모든 것을 함께 할 때 아름다운 작품이 된다. 지금도 플로리스트는 아니지만 예쁜 그릇, 화병, 작은 바구니를 보면 꽃들과 함께

하며 작은 공간에서 속삭이고 싶어진다.

내 생일 꽃바구니도 빨간 장미를 중심으로 여러 가지 꽃들이 함께 해서 사랑의 팡파레를 울리며 축하하는 꽃바구니가 되었다. 또한 딸, 아들, 며느리, 손주들의 속삭임과 사랑이 함께해서 더욱 아름답다. '함께 한다는 것은 예술작품이다. 매력적이고 계속되는 여정이다.' 하는 이야기를 어느 책에서 본 적이 있다. 이 여정을 같이 가려면 '함께해요. 고마워요. 사랑해요'가 따라야 한다고 생각하며 꽃바구니를 본다.

우리는 살아가면서 많은 인연과 함께하기에 행복하고 사랑을 느끼게 된다. 가까운 인연부터 함께해야 한다. 사랑은 눈에 보이지 않는다. 또한 시기를 놓치면 함께하는 마음도 떠나간다. 내 가족부터 순간순간 놓치지 말고 사랑해야 한다. 사랑하는 마음이 아름다운 꽃바구니처럼 함께하면서 매력적인 삶을 살게 된다. 남은 인생 간직한 소중한 꿈을 많은 인연과 함께하며 아름답게 가꾸어 가고 싶다.

생각해 보면 살아온 세월이 고맙게 느껴진다. 10남매의 시댁 식구들과 함께하면서 돌개바람이 불며 힘들 때도 잦았지만 가족 모두가 고마움과 사랑으로 함께했기에 아름답고 웅장한 오케스트라 같은 삶을 살았다. 생일 꽃바구니를 보며 아들, 며느리와 귀여운 손주들, 사랑스러운 딸과 함께하는 찬가를 불러본다. 행복한 추억을 곱씹으며.

「흑건」

쇼팽 에튀드 「흑건」이 들린다. 지하 주차장에 차를 주차하고 나오니 아파트 앞동에서 어설프게 연습하는 피아노 소리가 들렸다. Chopin etude op.10 No.5 「흑건」은 오른손이 처음부터 끝까지 검은색 건반으로만 연주해서 '흑건'이라고 불리는 곡으로 피아노를 전공하려는 입시생들이 꼭 공부하는 곡이다. 듣는 순간 안타까웠다. 페달을 많이 밟아 오른손 스케일이 무너지게 들렸다.

나의 소중한 딸, 학교 성적이 좋아 의사를 만들어 보려고 생각했다. 그런데 어느 날 내 앞에 조용히 앉더니 피아노 전공을 하겠다고 했다. 몇 개월이 지나 딸아이는 피아노가 너무 치고 싶어 다른 공부가 안 된다며 떼를 썼다. 그때부터 맹연습하던 딸의 모습이 떠오른다. 마침 아파트에 살다가 상가 주택으로 이사했을 때라 연습하기가 편했다. 새벽까지 연습하는 딸은 본인이 정말 좋아서 선택한 길이라 그런지 행복해 보였다.

쇼팽 곡은 대부분 화려하고 아름답다. 즉흥환상곡인 이별의 곡은 폴란드에 가면 관광지에서도 쉽게 들을 수 있다. 흑건은 이와 달리 전공하는 학생들이 에튀드를 접할 때 제일 먼저 연주하는 빠른 곡이다. 에튀드 중 「흑건」, 「혁명」, 「나비」, 「파도」, 「겨울바람」, 등은 대학입시 때 쓰는 곡으로 어려우며 피나는 노력을 해야 잘 연주할 수 있는 곡들이다. 피아노 전공을 하기까지의 눈물겨운 연습은 말로 표현할 수가 없다. 간단한 피아노곡도 서두르지 말고 알찬 소리를 낸 후에 작품을 만들어야 아름답다.

우리 삶도 마찬가지이다. 급하게 해서 되는 일은 절대 없다. 달마대사가 '내심무천內心無喘'을 법문으로 남겼다. 헐떡거리며 살지 말고 마음을 다스려야 모든 일에 성공할 수 있다는 말이다. 얼마 전 뇌출혈로 쓰러진 선배님 이야기를 들었다. 말을 이을 수 없이 언어장애가 와서 전화도 못 받으신다. 정말 안타깝다. 그도 나만큼 급한 장거리 경주로 헐떡거리는 삶을 살았다. 이순을 지나 얼마 남지 않는 내 여생, 이제부터라도 천천히 사박걸음으로 가기로 마음을 돌려본다.

딸아이도 피아노 전공을 하기까지 힘들었다. 각종 대회에 참가해서 경험을 쌓았지만 쉽지는 않았다. 풋눈과 함께 황소바람이 부는 대학입시 날이다. 실기고사 날이라 학부모들을 교내에 들어오지 못하도록 교문에서 통제했다. 이틀간의 실기고사는 너나 할것없이 교문을 붙들고 기도를 하는 분위기가 되었다. 무너졌다고 나와서 흐느끼며 우는 학생도 보았다. 미술대학 조각과에 응시한 학생이었다. 운동화를 신고 뛰어나오는 학생은 체육 전공, 양쪽 손에 장갑을 끼고 있는 수험생은 피아노 전공이다. 부모들과 같이 울고 웃는 수험생들의 모습은 전쟁터였다. 한 발 한 발 목표를 향해 달려온 예비 예술인, 이들이 높은 탑을 쌓기 위해 첫발을 떼는 날이다.

딸아이도 첫날은 실력을 마음껏 발휘하지 못해 내 품에 안겨 울었다. 실기시험으로 연주한 피아노가 건반을 상아 뼈로 만든, 한 번도 접해 보지 못한 명품이었다고 했다. 첫음을 누르는 순간 소리가 표현할 수 없을 만큼 맑아 당황했다고 하며 눈물을 계속 흘렸다. 아이를 달래며 나도 눈물이 나왔다. 둘째 날은 교문을 나오자마자 나를 붙잡고 펄쩍펄쩍 뛰며 한 음의 실수도 없이 연주했다고 환하게 웃는 모습이 마치 전쟁터에서 승리한 장수 같았다. 내 삶에서 가장 잊지 못할 날이다.

한 사람의 예술인이 탄생하기 위해서는 이렇게 남모르는 눈물과 피나는 노력이 필요하다. 우리는 그들이 있어 삶의 활력소가 되는 아름다운 음악을 감상하며 행복에 잠긴다. 「흑건」은 영화 '말할 수 없는 비밀'에서 어려운 「흑건」을 「백건」으로 편곡한 장면이 나오며 멜로디가 대중들에게 가까이 다가와 쉽게 들을 수 있는 곡이 되었다.

앞동에서 피아노를 연습하는 전공 희망생도 한 음 한 음 익혀 제대로 된 '흑건'을 연주하리라 생각된다. 어설픈 피아노 소리이지만 한 사람의 피아니스트가 탄생하는 초행길이라 생각하니 반갑게 들린다. 셋잇단음표의 멜로디와 왼손의 포르테 피아노의 대조적인 흐름을 들으며 흐뭇하게 웃어본다.

4부

동해 나들이

어디서 왔는지
맑은 물속에 오리 다섯 마리가 헤엄치며 놀고 있다.
갈매기는 일광욕을 하고 있는지
가까이 다가가도 눈만 껌뻑이고 있다.

다시 가고 싶은 비엔나

TV를 켰다. 빈 필하모니 신년 음악회가 새해를 맞이하고 있다. 뮤직 크레 라인 황금 홀에서 마에스토 주빈 메타가 이끄는 하모니는 2시간 반 동안 보아도 지루하지 않았다. 주빈 메타는 인도에서 태어났으며, 비엔나에서 많은 공부와 연주 활동을 한 유명한 지휘자다. 정말 감명 깊고 재미있게 음악회를 진행하고 있었다

쥬페의 곡 「빈의 어느 아침, 오후, 저녁」은 비엔나의 아름다운 음악 거리를 잘 표현해 주고 있었다. 이어서 요한 슈트라우스 재치 있는 곡, 「인간은 어디에서 웃고 사는가?」의 연주도 정말 재미있었다. 왈츠, 폴카, 행진곡 등으로 신년 음악회가 장식되었다. 곡의 연주를 위하여 새소리 나는 작은 주전자, 와인병 따는 소리들은 여러 가지 타악기들을 이용하여 보는 이들을 즐겁게 해 준다. 끝으로 연주한 「라데츠키 행진곡」은 지구촌에서 모여든 관중들이 손뼉 치며 오케스트라 단원들과 한마음이 된 순간이었다.

음악회를 보면서 10년 전 비엔나를 다녀온 생각이 났다. 뮤직크레라인 황금 홀도 구경 했었다. 단아하면서도 정교한 천정의 무늬와 화려한 쌍들이 아 조명들이 너무나 아름다웠

다. 객석을 둘러싼 기둥에 새겨진 황금색으로 치장한 여신들의 자태도 장관이었다. 남편과 아름다운 거리를 거닐며 감탄사를 쏟아 놓았다. 베토벤이 맥주를 즐겨 마시던 주막들, 거리 모퉁이마다 서 있는 예술가의 조각은 완벽한 예술품이다. 모차르트, 슈베르트, 베토벤, 슈트라우스 등 예술가의 이름을 딴 거리명도 음악의 도시임을 느끼게 했다. 비엔나에 온 관광객들과 오스트리아 음악인들 모두가 예술인이 된다.

그들과 함께하며 우리의 혼을 알리는 서울 종로구 인사동의 옛길을 생각했다. 몇 달 전 조계사에 갔다가 인사동에 들렀다. 쌈지길이 이름처럼 예쁘게 조성되어 있었다. 많은 외국인들이 우리의 문화가 흥미로운 듯 구경하고 있었다. 우리 젊은이들도 동대문이나 신촌 등 거리의 악사가 되어 연주하고 있다. 욕심을 낸다면 예술인의 거리도 만들어 우리의 음악을 전 세계에 알렸으면 한다.

비엔나는 365일 동안 예술 속에 살며 예술에 미쳐 사는 도시이다. 내게 추억으로 남는 또 하나는 공원 안에 있는 슈트라우스 동상 앞에서 음악에 맞춰 집시처럼 즐겁게 춤을 추고 있는 빈 사람들이다. 행복한 얼굴과 그들의 여유 있는 삶이 부러웠다. 하늘빛처럼 푸른 도나우 강이 끝없이 흐르고 뒷골목 집시가 연주하던 바이올린 소리도 듣고 싶다. 거리마다 축제로 맛있는 커피와 디저트도 있었다. 모차르트 거리에선 그를 상표화한 아이스크림 초콜릿을 인상 깊게 먹었던 기억이 난다. 문구 세트부터 작은 소품까지 모두 예술인들이 그려있어 여행객들의 관심을 끌었다.

우리도 한류 바람을 타고 젊은이들이 세계를 누비고 다닌다. 걸 그룹 아이돌들이 대한민국을 알리고 있다. 이렇게 한류 바람을 탈 때 많은 지구촌 사람들에게 우리의 문화도 알리고 외화도 벌어들였으면 하는 욕심도 부려본다. 빈에서는, 슈니체르라는 큰 접시에 얼굴만 한 돈가스가 그 곳을 대표하는 음식인데 무척 맛있게 먹은 기억이 난다. 우리도 민족의 얼이 담긴 음식을 만들어 지구촌 사람들과 함께하기를 기대해본다.

비엔나 왕궁에서 음악회도 보고 왔다.「숲 속의 대장간」을 재치 있고 재미있게 연주하는 모습에 감동했다. 오케스트라 단원들을 살펴보니, 흰 머리카락이 많이 보이는 연주자가 반이 넘어 중후한 느낌이 들었다. TV로 본 빈 필하모니 단원들도 대부분 50대에서 70대로 보인다.

우리나라의 오케스트라 연주자들은 대부분 젊은이들이다. 이들이 나이가 들 때쯤이면 우리의 오케스트라도 지구촌에서 많은 사람이 찬사를 보내리라 믿는다.

빈 필하모니의 연주를 들으며 아름다운 예술 거리와 마차들, 푸른빛을 띄우며 유유히 흘러가는 도나우 강이 내 가슴에 음악이 되어 같이 했다. 다시 가 보고 싶은 비엔나, 뒷골목 집시들의 연주까지도 아름다운 나라, 왈츠의 왕 요한슈트라우스의 곡을 들으며 비엔나를 추억 속에서 다시 한 번 꺼내 본다.

결혼기념일 여행

결혼기념일 여행으로 보령항에 갔다. 마음이 복잡할 때 자주 찾는 곳이다. 이번에는 남편 친구 부부와 함께 가벼운 마음으로 찾았다. 바닷가 노송도 울울하게 우거져 갈매기와 함께 우리를 반겼다.

화살같이 빠르게 가는 세월, 누구나 살아가는 가치관이 제각각이지만 우리 부부는 지혜롭게 서로를 맞추며 40여 년간을 함께했다. 드넓은 해변과 푸른 바다를 보며 모든 근심 걱정을 파도에 묻었다.

살다보면 누구나 맑은 날도 있고 흐린 날도 있다. 삶에는 오르막이 있으면 내리막도 있듯이 나에게도 한 치 앞을 가늠할 수 없던 안개 같은 시절이 있었다. 마음이 늘 불안했지만, '언젠가는 지나간다.' 하는 스님의 법문을 듣고 마음을 내려놓고 기도하다 보니 여래가 나투시며 밝은 빛을 주셨다. '집착하면 괴롭다', '인생은 흐르는 물과 같다'는 지혜를 깨닫게 해주신 가피였다. 힘들었던 옛 추억을 돌아보며 미소를 살짝 날려본다.

유람선을 타기 위해 표를 사고 보니 시간이 많이 남았다. 항구로 가는 길목을 구경하며 멸치와 고소한 대천 김을 샀다. 손님을 맞기 위해 이벤트 하는 모습들도 가지각색으로 재미난다. 살아가는 방법을 찾는 그들을 보니 안타까워 보이기도 했지만, 한편으로 아름답게도 보였다.

시간이 되어 유람선 선착장에 왔다. 작은 유람선으로 생각했는데 크루즈 여객선이었다. 넓은 창가로 보이는 바다는 한 폭의 그림이었다. 여자바위 남근바위는 인간의 신체적 모습이 표현된 재미있는 바위였다. 삼형제바위는 멀리 고기잡이 간 아버지를 기다리다가 돌이 되었다고 한다. 삶이 어려워 자식들을 두고 떠나는 이들을 주변에서 본다. 안타까운 일들을 상기시키듯 기다림에 지친 삼형제바위가 울고 있었다. 뱃사람들의 생활이 엿보이는 상징적인 바위들과 섬들이 바다를 지키고 있었다.

다시 항구로 와서 우럭, 광어, 방어, 주꾸미, 소라, 멍게, 피조개까지 골고루 한 소쿠리 샀다. 옆에 있는 식당에서 싱싱한 회와 매운탕을 준비해주어 맛깔스러운 저녁 식사를 했다. 숙소에 와서 바다를 보니 밤바다에 여기저기 황홀한 불빛이 보였다. 고기를 잡으러 출어하는 배들도 여러 척 눈에 보였다. 망망대해에 주인공으로 살아가는 어부들의 함성이 귀에 들려오는 듯했다.

아침 일찍 혼자서 산책을 했다. 안개 낀 새벽녘이라 추울 것 같아 옷을 껴입고 해수욕장을 끼고 걸어 항구 쪽으로 가니 안개 낀 바다에 고깃배들이 눈부시게 불을 켜고 항구로 들어오는 모습이 장관이었다. 갈매기들은 고기잡이 배들을 환영하며 정답게 떼 지어 합창하고, 한쪽에서는 갓 잡아온 고기들이 경매되고 있었다. 잉걸불을 쪼이며 만선된 어선을 기다리는 혈기가 넘치는 젊은 어부들도 많이 보였다. 새벽의 항구는 어선과 갈매기와 어부들이 하모니를 이루며 트리오로 연주하는 모습이 아름답게 보였다.

요즈음은 어려운 일은 피하고 쉽게 살아가려는 풍토로 변해 가고 있다. 그러나 새벽의 항구는 생동감 넘치는 모습으로 아침을 열고, 아버지와 아들이 호흡을 맞추며 애면글면 인생의 탑을 쌓는 모습이 삶의 열정으로 바람직하게 보였다. 해님이 모습을 드러내자 자욱하던 안개가 서서히 사라지며 불가에서 말하는 연기설을 음미해 보는 시간이 되었다.

아침을 먹고 해수욕장을 남편과 손을 잡고 걷다 보니 짭짤한 갯벌 향내가 실바람을 타고 내 곁으로 온다. 넓게 펼쳐진 모래사장에서 여인의 치맛자락이 바람에 날리듯 아름답게 넘실거리는 바다를 보며 뒹굴고 싶은 충동까지 생긴다. 같이 간 부부가 팔짱을 끼고 걷는 모습 또한 사랑하는 젊은 연인처럼 보여 그들 모르게 사진으로 남겨 보기도 했다. 어린 갈매기 한 쌍이 마치 오리가 떠가듯 노래를 부르며 내 곁으로 다가와 기념일을 축하해주고 되돌아간다.

이번 결혼기념일은 힘차게 살아가는 젊은 어부들과 어

선, 바다를 지키는 바위들, 노래하는 갈매기와 친구가 된 귀한 날이다.

동해 나들이

꽃샘바람이 차다. 한 폭의 그림처럼 동해 해안선을 달리는 바다관광 열차가 마음을 들뜨게 한다. 남편과 함께 안으로 들어가니 의자가 바다를 향하여 길게 놓여 있다. 바다 기차는 정동진역에서 출발하여 넓은 바다를 달린다.

달려가는 기차 속에서 밖을 보며 살아온 삶을 돌아보았다. 무엇이 그리 바빴는지 가정이라는 기차를 타고 아내로, 엄마로, 며느리로, 정거장이 있었건만 내리지 못하고 달려 오늘에 이르렀다. 이제부터는 앞뒤 옆을 보며 쉴 수 있는 마음을 내어야겠다고 나 자신과 약속 해보았다.

창 너머로 탁 트이는 넓은 바다는 알고 느끼던 색보다 환상적이다. 그림물감을 물에 탄 듯 자연스럽게 퍼져 나가는 아름다운 색이다. 인간이 만들 수 없는 신의 영역인 천연의 색이다. 내 마음을 바닷속으로 던져 보았다. 시원함 속에서 통쾌했다.

추암역에서 내려 촛대바위를 가기 위해 바닷가로 향했다. 바닥까지 모두 내보이는 투명한 동해의 수평선을 바라보았다.

어디서 왔는지 맑은 물속에 오리 다섯 마리가 헤엄치며 놀고 있다. 갈매기는 일광욕하고 있는지 가까이 다가가도 눈만 껌뻑이고 있다. 정말 귀엽다. 근심 걱정 없이 자유롭게 헤엄치며 놀고 있는 오리와 갈매기가 마음속의 검은 그림자도 가져가는 것 같다. 대부분의 사람들은 자신의 욕심이 걱정을 만든다. 황혼기에 접어든 내 여정, 이제부터라도 마음을 비워야지 생각하며, 행복한 물오리와 갈매기를 바라보았다.

걷다 보니 촛대바위가 보인다. 애국가 첫 소절의 배경 화면으로 등장하는 특별한 바위다. 주변의 기암괴석에 부딪히며 파도가 하얗게 솟아오를 때의 모습은 촛불처럼 환하게 보였다. 바다와 어우러진 뾰족한 바위의 비경은 감탄을 자아낸다. 우뚝 솟은 촛대바위는 집안의 가장인 아버지 같다. 옆의 기암괴석들이 가족이 되어 파도소리 장단에 맞추어 화음을 이룬다.

돌아가신 아버지 생각이 난다. 삼대가 같이 살던 우리 가족을 위해 묵묵히 힘든 길을 가시면서 오남매의 기둥이 되어 주셨다. 어린 시절 아버지 품안은 항상 포근했다. 지금도 높은 곳에서 내려다보시고 지켜주시는 것만 같다.

아쉽지만 추암을 뒤로 하고 묵호 등대를 찾았다. 묵호는 바닷가 비탈길에 자리 잡은 달동네다. 이 등대 길처럼 인생도 갑자기 높은 곳에 오르지 못한다. 낮은 곳부터 사박걸음으로 한 발짝씩 올라가야 한다.

등대 길을 걸어보니 꼬불꼬불 에움길이다. 굼뜨게 오르며 논골 담 길이라고 안내한 게시판과 함께 아기자기한 벽화들이 보인다. 그 옛날 연탄공장, 술에 찌든 빨간코 아저씨, 술에 취해 갈지자로 걷는 아버지, 동네 어귀의 소박한 작은 매점까지 뱃사람들의 애환이 오롯이 벽화에 담겨 있다. 술에 취해 있는 그들의 모습을 벽화에서 보니 가족의 생계를 위해 힘든 삶을 술로 달래던 고향 아버지들의 모습이 떠오른다.

등대 오름길 살피꽃밭에는 봄을 부르는 새싹들이 함초롬히 고개를 내밀고 있다. 묵호 등대에 올랐다. 비탈만 타고 오르던 바람이 시원하게 눈을 파고든다. 꽃샘바람이라 봄 냄새가 풍긴다. 깊고 푸른 동해의 웅장함을 보니 본 윌리엄의 「바다교향곡」도 들리는 것 같다.

등대에서 내려다보는 동해는 바다 열차에서 보는 아름다움보다는 힘든 오르막길만큼이나 고단한 삶의 한탄이 보인다. 누군가를 밝혀 주는 삶의 등대가 있기에 그들은 정진하며 살고 있을 것이다.

바다를 보고 있노라니 앞이 보이지 않을 정도로 캄캄했던 지난 시절이 생각난다. 한참의 기도 끝에 내 삶의 등대로 여래如來께서 환한 빛을 밝혀주셨다. 덕분에 지금도 정진하며 길을 가고 있다.

장엄하게 우뚝 솟은 등대 앞에는 길 잃은 중생들의 이

야기를 전해주는 빨간 우체통이 있다. 사랑의 멜로디가 들리는 듯하다. 하얗게 밀려오는 파도도 바다 기차를 타고 동해를 나들이한다.

새해 해맞이

새해 해맞이를 가기로 했다. 일기예보를 들으니 한파로 몹시 춥다고 한다. 속초 낙산사에 도착해보니 벌써 자정이 넘어 새해가 되었다.

컴컴한 길을 자박자박 따라 오르니 연꽃 오색등이 길을 안내해 주었다. 인연의 등, 사랑의 등, 쾌유의 등, 화해의 등, 감사의 등이 한 폭의 그림이 되어 비원을 속삭이며 불을 밝히고 있다. 어둠을 밝혀 주는 등불은 낙산사를 찾은 모든 이들에게 따뜻한 희망을 주었다.

바위 끝에 있는 홍련암에는 벌써 많은 보살님과 거사님들이 새해를 열며 기도하고 계셨다. 비집고 법당 안으로 들어가 공양미만 올리고 앉을 자리가 없어서 밖에 나와 기도를 했다. 법당 사이로 골바람이 세차게 불어왔다. 홍련암에서 내려다보는 밤바다, 동해는 내 마음을 아는 듯 목탁소리와 함께 힘차게 파도치며 노래한다. '저 바다의 파도 소리처럼 올해도 힘차게 나아가게 해주소서…'하고 비원을 발원해본다. 합장하고, 흔들리고 힘들었던 일은 모두 바다에 버렸다.

의상대 옆에서 남편이 보리수 염주를 선물로 사주었

다. 동그란 염주는 흔들리며 사는 나에게 모나게 살지 말고 둥글게 살라고 속삭여 준다. 손에 넣고 걷다 보니 내 마음을 아는 듯 온기를 주며 친구가 되었다. 도란도란 동그란 인생에 관해서 이야기하며 염주를 돌렸다. 눈비가 섞여 와서 해수관음상 앞에서는 절을 할 수가 없어서 관음전으로 내려갔다. 관음전 큰 유리창으로 해수관음상이 보였다. 남편과 함께 108배 참회를 하며 애면글면 절 공양을 했다. 남편은 처음 108배를 했다며 흐뭇한 미소를 지었다. 나도 날아갈 것 같이 상쾌했다. 관음상 앞으로 올라오니, 관세음 보살님은 희미한 불빛 속에서도 따스한 눈빛과 미소로 반겨 주시며 마음의 등불을 켜 주셨다.

아메리카 인디언들은 무슨 소리든 만 번만 외우면 소원이 이루어진다고 믿는다고 어느 책에서 읽었다. 긍정의 힘을 믿는 사람들이다. 나도 지극한 마음으로 관세음보살 정근을 하다 보면 어느 날 소원을 이루며 편안한 마음이 되는 경험을 여러 번 했다. 아들 딸 대학입시, 운영하는 학원에 어려움이 있을 때, 가족들과 내가 아플 때, 관세음보살님을 찾으며 기도를 했다. 자비하신 관세음보살님은 살며시 내 곁에 오셔서 가피를 주셨다.

컴컴한 길을 굼뜨게 되돌아 내려오니 파도 소리는 여전히 힘차게 들리고 고요한 낙산사 성지는 마음속에서 부처님을 만나게 해주었다. 바닷가에 와보니 어둠 속에서 이루어지는 요란한 폭죽과 불꽃놀이가 모든 이들에 불꽃처럼 타오르는 희망을 주었다. 바닷가는 여기서 펑, 저기서 펑펑 흥분의 축제장이 되었다. 연인들이 포옹하는 모습도 귀엽게 보인다. 부부들끼리 손을 꼭 잡고 있는 모습도 애틋해 보였다. 남편도 합장하며 환한 얼굴이다.

어둠이 걷히고 새해를 맞이하는 찬란한 해가 검은 구름 사이로 살며시 얼굴을 내놓았다. 말로는 도저히 표현할 수 없는 황홀한 빛깔의 해가 떠올랐다. 해맞이를 위해 모인 사람들은 환호하고 손뼉 치며 좋아했다. 어제의 해와 오늘의 해는 무엇이 다를까? 생각해본다. 어제의 해는 아름다운 추억을 한 빛으로 간직하며 해넘이를 한다. 오늘의 해는 희망을 갖게 해주고 꿈을 주며 더 나은 삶을 위해 환하게 길도 열어주면서 떠오른다. 바닷가에 모인 모든 이들이 해만큼 밝고 생기 있는 얼굴들이다. 옆에 모르는 사람들끼리도 마주보며 새해 인사 하느라고 바쁜 모습들이다. 모두가 한마음이 되었다.

밝게 솟아오른 해는 마음속에 잉걸불이 되어 타오르며 새해를 맞이한다. 바다는 지평선 끝에서 가슴에 숨긴 삶의 정열을 마음껏 쏟아 놓는다. 올 한해도 지금 떠오르는 해님만큼 불타는 정열의 한해가 되게 해주소서.

에움길 수암골

수암골을 찾았다. 죽마고우竹馬故友와 같이 한 가을 산책길이다. 주차장부터 벽에 그린 삽화가 정답게 눈에 들어 왔다. 에움길로 이루어진 골목이 여러 곳 있다.

첫 골목부터 벽에 크게 그린 삽화 바탕에 작은 정사각형 그림이 정답게 보인다. 유화로 그린 삽화는 어릴 적 동심의 세계를 만나는 시간이 되었다. 어설픈 그림들이지만 다정하고 따뜻한 작품들이다. '손이 비단이다'라는 말이 있다. 재능기부를 한 기성 화가들과 꼬마 화가들의 손이 달동네를 화사하게 변화시켜 놓았다.

좁은 골목 끝닿는 곳에는 연탄재에다 눈, 코, 입을 그린 앙증스런 인형들이 보였다. 옆의 작은 팻말에는 '부서지고 깨어져도 사랑합니다.'라고 씌어 있었다. 골목 양쪽으로 연탄재 인형들이 '사랑합니다' 하고 합창을 하는 듯했다. 그 자리에서 발을 옮기기가 아쉬워 사진으로 담았다. 연탄재를 보니 따끈한 아랫목이 생각나고, 학교에서 연탄난로에 도시락을 데워 먹던 추억이 아련히 떠오른다. 연탄재가 아름다운 장식이 된 것을 보니 젊은 화가들의 창의성 있는 예술성에 갈채를 보내고 싶다.

연탄 인형을 감상하다 아래를 내려다보았다. 그곳엔 아침 햇살을 받고 배추와 가을 아욱이 한 폭의 그림처럼 잘 가꾸어져 있다. '가을 아욱은 맛이 좋아 문 걸어 잠그고 먹는다'는 옛 어른들의 말씀도 생각난다. 가을걷이가 끝나고 비가 내린 후라 더욱 아름다워 보인다. 살짝 한기가 돌며 가을이 가는 소리도 들린다. 자연에 들어가 갇혀 살고 싶은 날이다.

모퉁이를 돌아서니 서너 개의 화분에 잘 가꾸어진 토실한 배추가 초록빛 향기로 우리를 반긴다. 함초롬히 아침 이슬이 맺혀 있었다. 할머니 한 분이 "1,000원어치 배추 모를 사다가 심었는데 이렇게 잘 컸어." 하시며 자랑을 하셨다. 할머니 얼굴에 1,000원으로 만든 행복의 미소가 가득 담겨 있었다. 이처럼 행복은 가까운 곳에서 찾아야 한다.

한참 걷다 보니 그네 의자가 보였다. 어릴 적 추억을 돌아보며 그네에 앉아 흔들어 보기도 했다. 친구와 그네 의자에 앉아 있다 보니 누군가에게 사랑의 엽서를 쓰고 싶어졌다. 빨강 우체통을 찾아보았다. 아쉽게도 카페와 먹거리 가게만 여러 곳이 눈에 들어왔다. 벽화 그림, 수암골 풍경, 접시꽃 정원, 풀꽃 이야기를 담은 그림엽서가 준비되었으면 한다. 보고싶은 사람과 사랑하는 친구, 고마우신 선생님께 익어가는 가을을 엽서로 같이 하고 싶다. 잠자리떼는 파란 하늘에 천천히 원을 그리며 날고, 빨간 고추잠자리 한 마리가 고춧대에 앉아 동그란 눈을 굴리며 우리를 바라본다.

TV 드라마 「제빵왕 김탁구」 세트장 팔봉 제빵에서 보리빵을 몇 개 샀다. 「영광의 재인」 에 나오는 영광이네 국숫집도 있었다. 쫄깃한 면발과 깊은 국물 맛이 이곳을 관광 명소로 만든 것 같다. 보리빵을 들고 위쪽에 있는 카페를 찾았다. 넓은 창으로 보이는 시가지의 풍경이 장관이다. 커피의 향속에 그간 지낸 여러 빛깔의 나날들이 주마등처럼 스쳐 간다.

안방극장 드라마는 시대의 흐름과 함께 삶의 생로병사生老病死를 이야기로 엮어가며 우리와 함께한다. 드라마 속의 에움길 달동네는 보글보글 된장찌개를 떠올리는 가난하지만 평온한 마을이었다. 주민과 함께하는 문화예술 프로젝트로 판잣집이 사라지며 산중턱 고즈넉한 수암골에 최신형 카페들이 에움길 마을을 아름답게 만들어가고 있다.

새 한 마리가 푸드덕 수평선을 그리며 파란 하늘로 날아간다. 죽마고우를 닮은 풀꽃들과 가을 단풍의 2중주가 들린다. 내 마음도 단풍이다.

가우도 함께해海길

꽃샘바람이 살가운 아침이다. 전남 강진 가우도를 향해 출발했다. 창밖을 보았다. 붉은 해가 둥실 떠오르고 있다. 해님의 색깔이 붉은색에서 주황색으로, 다시 노란색으로 변해가며 하루를 환하게 열고 있다.

강진에 도착하여 해산물로 차려진 남도정식으로 점심을 먹었다. 다산 정약용의 유배지였고, 하멜 기념관, 김영랑의 생가가 있는 강진은 내가 그린 바닷가 마을이 아니었다. 콘크리트 구조물만 어수선한 이미지로 다가와 아쉽게 보였다.

점심 후 차로 이동하여 '함께해海길'이라고 알려진 명품섬 가우도에 도착했다. 강진의 보은산이 소의 머리에 해당되고 섬의 생김새가 소의 멍에와 같다고 하여 '가우도'라 부른다고 한다. 조선 초기부터 주민들이 살았다고 하나 지금은 20여 명 정도가 살고 있다고 한다. 조용하고 청정한 섬으로 갈매기들이 반갑게 축가를 부르며 날고 있었다. 강진만 바닷가에서의 답답함이 가우도를 바라보며 상쾌한 마음으로 바뀌었다.

바다를 가로질러 만들어진 긴 출렁다리를 상쾌한 바

닷바람과 함께 건넜다. 다리의 중간 바닥을 바다가 보이도록 유리로 모자이크해 놓아 섬까지 가는 동안 바다의 맛을 더욱 느끼게 했다. 바다를 바라보았다. 가까이에서 보는 바다는 수평을 이루고 있다. 멀리 수평선 너머 바다는 둥글게 보이기도 하고 끝이 없다. 가까이에서 보는 바다와는 느낌이 다르다.

우리의 인생도 마찬가지다. 앞에 보이는 단순한 삶과 멀리 보는 꿈꾸는 삶은 다르다. 살아온 길을 돌아본다. 가지 못한 길에 대한 아쉬움이 수평선 너머에서 손짓을 한다. 나는 내가 택한 길을 조용히 정진하며 살고 있다. 그러나 삶의 길에는 표지판이 없어 항상 아쉽다. 멀리 보이는 바다에서 삶의 이정표를 찾아본다. 가슴이 탁 트이며 머리가 맑아진다.

'함께해海길 가우도' 라고 쓴 안내판은 흙길과 나무 테크로 만들어져 있다. 가우도 함께해海길은 가우도 해안선을 따라 조성된 둘레 길을 산과 바다와 함께하며 걸어보자는 의미로 붙여졌다고 한다. '함께해海길' 표지판 부터 한글과 한자가 같이해 더욱 정겹게 보였다. 상쾌하게 섬길을 걷다 보니 바다 향기와 함께 편안한 마음으로 힐링이 되었다.

긴 출렁다리를 건너 해안 도로를 트레킹 하다 보니 쉼터가 나왔다. 김영랑 시인이 벤치에 앉아 우리를 반겼다. 시인의 동상 곁에서 손을 잡고 사진도 찍었다. 모란

이 피기까지는 시를 읽으며 잠시 김영랑 시인과 만나는 시간이 되었다. 시를 읽다 보면 누구나 편안한 마음, 감성적인 마음이 된다.

시나브로 바다 위로 내 마음이 둥실 떠간다. 바다에 들어가 자맥질은 못 해도 이미 마음은 복잡한 세상을 떠나 바다 위를 걷고 있었다. 깔끔한 남해가 잔잔하게 가슴속으로 밀려와서 삶의 쉼표를 찾으라고 한다.

나는 앞만 보고 달렸다. 이제 아름다운 바다와 파란 하늘의 흰 구름도 바라보며 쉬어 가야겠다. 파란 바다의 은빛 물결 속에서 헨델의 「종려나무 그늘아래서」가 차분한 첼로 소리로 잔잔하게 들리는 듯하다. 갈매기와 시원한 바람도 친구가 되었다.

그 섬에는 후박나무와 편백이 많이 보였다. 특산물로 바지락, 석굴, 왕 꼬막, 황가오리가 있다고 한다. 고무 함지박에는 왕꼬막과 바지락이 가득 담겨 가우도를 찾는 손님들을 기다리고 있었다. 바닷가에 있는 마치 조각해 놓은 듯한 자연스럽고 웅장한 바위에서 남편과 사진을 찍었다. 사진 속으로 바다가 함께 한다. 그래서 '가우도 함께 해海길'이라고 안내 되어있나 하는 생각도 해 보았다.

청정한 명품 섬을 뒤로하고 출렁다리를 아쉬운 마음으로 건넜다. 반짝이는 은물결 바다가 해님이 함께해서 더욱 아름답게 보였다. 김영랑의 시문학을 알리는 바다의 맑은 물소리는 깔끔한 피아노 소리로 들린다. 갈매기가 배웅하며 함께한다.

오는 길에 강진시장에도 들렀다. 흰 여울과 함께 청정한 남해 특산품들이 바다의 향기를 풍기며 판매되고 있었다. 남편과 동행한 친구 부부와 함께 낙지와 석굴을 맛보는 시간을 가졌다.

내 몸속으로 가우도 바다가 함께 한다. 바다 향기 솔솔 풍기며 푸른 숲을 트레킹 한 아름다운 가우도 함께해海길, 언제 또 올 수 있을까?

해넘이

마량포 해넘이를 보기 위해 집을 나섰다. 한 해를 돌아본다. 마음의 꽃밭에 뿌린 씨앗들이 활짝 피었다. 30년간 음악학원장으로 어린 새싹부터 성숙한 꽃인 어른들까지 많은 수강생을 가르쳤다.

노년을 준비하며 딸을 학원장 자리에 앉게 했다. 하심下心으로 돌아가 피아노와 바이올린을 가르치는 대표강사를 한다. 홀가분한 마음이라고 생각했는데 무언가 잃어버린 기분이 들며 허전하기까지 했다.

작은 음악회 시간이었다. 6학년 남학생이 원장님을 갑자기 선생님이라 부르기가 서운했는지 대표 선생님이시니까 '대쌤'이라고 부르면 어떻겠냐고 하며 너스레를 떤다. 그때부터 대쌤이 되었다. 그 이외에 대장쌤, 왕원장님 등 호칭이 많이 생겼다. 요즈음은 남녀노소를 막론하고 신조어를 만들어 사용한다. "맛점 하셨어요?" 하고 수강생이 인사했을 때 무슨 소린가 했었다. 점심을 맛있게 먹었냐고 묻는 말이었다. 어떤 측면에서 보면 신조어들은 귀엽게도 들리고 바쁜 시대에 어울리는 말인 것도 같다.

소현학원의 넓은 꽃밭에 천사들과 함께 아기자기한 꽃의 씨앗을 뿌렸다. 음악축제의 씨앗은 탐스러운 꽃으로 피어났고, 매달 열리는 작은 음악회는 잔잔한 꽃으로 피어난다. 뮤직페스티벌의 꽃은 여러 가지 향기로 노래한다. 야생화처럼 은은하게 향내를 내며 소곤소곤 이야기하는 향상음악회인 작은 음악회는 내 마음을 편안하게 해준다.

소현 천사들을 생각하며 도착한 곳은 서천 한산면 신성리 갈대밭이다. 넓은 갈대밭엔 갈대소리 길, 문학의 길, 영화촬영지, 솟대의 길 등 여러 갈래의 길이 아름답게 꾸며져 있었다. 많은 이들이 사진을 찍는 모습이 한 폭의 그림처럼 보인다. 문학의 길은 따뜻한 글들로 갈대숲을 장식해서 마음의 여유를 찾을 수 있었다. 갈대소리의 길은 살며시 부는 왜바람을 타고 애잔하게 숨어 있는 사랑의 이야기를 들려주었다.

아쉽게 갈대밭의 심포니를 뒤로하고 도착한 곳은 마량포 항구였다. 넓은 바다와 갈매기들이 반갑게 환영하며 합창한다. 서천군청에서 해넘이, 해맞이 준비로 초대형 스크린과 무대를 장치하며 가수들의 공연준비로 한창이었다. 바닷가에 자리 잡은 먹거리 포장마차들도 정답게 보인다. 꼬치, 국화빵, 잔치국수를 사먹으며 해넘이 시간을 기다렸다. 함께 간 딸과 남편도 즐거운 표정이다.

길게 이어진 등대 길로 올라갔다. 살바람이 스며들어

아슴아슴 한기가 돌아 털모자에 마스크까지 하며 갈매기와 친구가 되었다. 시나브로 해넘이 시간이 되었다. 구름 사이로 붉은 해가 살짝 얼굴을 내밀더니 다시 구름 속으로 쏙 사라진다. 넘어가는 해를 보며 아쉬운 마음과 행복한 마음이 서로 교차한다.

한 해 동안 맛있는 수필 잔치를 했다. 손주들 이야기, 음악학원 천사들 이야기, 내 가족 이야기, 아침 기도 길, 부처님 법문, 하늘나라에 계신 부모님 이야기 등 다양한 소재로 글을 썼다. 오래전 아름다운 빈을 여행했던 추억을 수필로 썼다. 「다시 가보고 싶은 비엔나」로 한국수필에 등단을 했다. 잔치에는 여러 가지 음식이 있다. 대부분 주요리는 큰 접시에 담아 보기 좋게 한가운데에 놓는다. 곁가지로 먹기 좋고 보기 좋은 음식들도 상에 오른다. 수필 잔치로 등단한 글이 책에 실리고 신인상을 타며 꽃을 피워 큰 그릇에 담겼다.

구름 사이에 있던 해가 바닷속으로 숨어 버렸다. 아쉬운 순간이다. 이제 한 해가 간다. 잊지 못할 행복한 시간이 잉걸불이 되어 타오르며 추억 속으로 사라진다. 해넘이를 마치며 제자들과 가꾼 꽃밭에서 꿈이 영근 수필 잔치에 갈채를 보낸다.

동화 속의 북해도

스마트폰에 계속 폭염주의보가 뜬다. 청주공항에서 출발하는 일본 북해도 여행 상품이 있어 가족 여행을 떠났다. 딸아이의 좋아하는 모습, 빙그레 웃으며 행복해하는 남편의 얼굴이 마음속에 사진으로 남는다.

새벽에 신치토세 공항에 도착했다. 한국에서의 폭염을 뒤로하고 좋은 호텔에서 시원하고 편안한 밤을 보냈다. 첫 번째 관광으로 '지옥계곡'을 갔다. 벌거숭이 산 곳곳에 솟아오르는 수증기와 뜨거운 열기, 강한 유황 냄새가 지옥을 연상케 했다. 아래 층계로 내려가니 '약사여래불'이 있었다. 약사여래는 모든 이들에게 건강을 찾게 해주시는 분이다. 일본 사람들이 차례로 줄을 서서 손뼉을 두 번 치며 부처님께 예를 올린다. 우리는 보통 삼배로 예를 올리는데 다르긴 하지만 발원하는 모습은 같아 보인다. 바위 아래 나투신 약사여래 부처님은 편안한 모습으로 인자하게 보였다.

잠시 후 '도야' 유람선을 탔다. '도야호수'는 주변에 활화산이 네 개가 있어 겨울에도 얼지 않는 호수라고 한다. 바다로 착각할 정도로 매우 넓고 갈매기까지 날며 관광객들과 같이한다. 주변에 자리한 '우수산, 소화신산'을 바라보며 수정처럼 맑은 물에 내 마음을 비추어 보았다. 호수 중앙에 네 개의 작은 섬이 떠 있는데, '벤젠시마'라고 불리는 섬은 악기를 닮은 섬으로, 음악섬이라고 불린다고 했다. 눈이 하얗게 온 겨울 호수는 어떨까 생각해 본다. 호수는 따뜻하고, 하얀 주변 경관은 눈부신 동화의 나라에 갈매기는 천사가 되어 날 것만 같다.

북해도는 '에스키모 아이누족'이 살던 곳이라 일본 본토와는 전혀 다른 느낌이었다. 산속에는 지금도 곰들이 살고 있다고 한다. 희뿌연 연기와 매캐한 유황을 내뿜는 '소화신산'을 바라보며 언제 폭발할지 걱정은 되었지만 호텔에서의 온천욕은 여행의 피로를 말끔히 풀어 주었다. 노천 온천탕에 서는 개구리들이 합창하는 소리가 아름답게 들리며 대자연의 숲 자작나무도 우리를 반겨 주었다.

'지다이무라'민속촌에서는 일본 특유의 하얀 얼굴의 '게이샤'들이 등장하여 일본 문화를 소개했다. 곰살갑게 안내하며 밝게 인사하는 모습이 정겹게 보였다. 모든 일을 긍정적으로 대하며 친절한 모습으로 살아가는 일본인을 표현한 연극도 보았다. '니세코'에 있는 안느프리 리조트에 도착했다. 북유럽 스타일로 많은 자작나무 숲은 대자연의 웅장함 그대로 이국적인 느낌을 담고 있었다. '닥터 지바고' 영화에서 본 눈이 쌓인 자작나무 숲과 '라라'와 '지바고'의 사랑하는 모습이 생각이 났다. 하얀 옷을 입은 자작나무숲은 백설 공주와 하얀 요정들의 안식처로 보였다.

'팜도미타 농장'가는 길에 '아오이케'라는 푸른 연못은 사진 촬영의 명소였다. 살아 있는 자작나무와 죽은 나무들이 푸른 연못에 아름답게 친구가 되어 있었다. 생生과 사死가 공존하며 삶과 죽음이 같이한다는 부처님 말씀도 생각나게 하는 곳이다. 팜도미타 농장은 라벤더를 중심으로 개양귀비, 금잔디, 제라늄, 튤립 등이 화려한 꽃 농장이었다. 꽃들은 아름다운 자태와 꽃내음으로 속삭인다. 웃음소리도 들린다. 내 삶의 꽃도 라벤더 향기와 노래하며 한 폭의 그림으로 남는다.

여행 마지막 코스로 '닝구르 테라스'를 찾았다. '닝구르'는 북해도에 사는 전설 속의 작은 요정이라고 한다. 숲속 길 따라 통나무집을 예쁘게 지어놓고, 일본인 특유의 작은 소품들을 밝은 모습으로 팔고 있었다. 숲속의 요정에 걸맞게 작은 나무를 잘라 갖가지 곤충과 악기들을 만들어 놓았는데, 특히 땅콩 껍데기로 만든 인형들은 앙증스럽고 귀여웠다. 일본인들의 섬세한 국민성이 잘 표현되어 전시된 요정들의 천국이었다.

이번 여행은 요정이 사는 동화 속에서 친절하고 밝게 웃으며 손님을 맞이하는 일본인들과 자존심 강한 우리 민족을 비교해 보는 시간이 되었다. 과연 그들의 친절한 모습 뒤에는 무엇이 또 있을까.

주상절리 파도소리길

경주 파도소리길을 가는 날이다. 바다 생각만 해도 기분이 상쾌하다. 언젠가 변산반도 채석강에 있는 주상절리를 찾아 서해안을 가본 적이 있었다. '주상절리는 뜨거운 용암이 흐르다가 차가운 바닷물과 만나면서 굳어서 만들어 졌다'고 누군가에게 들은 적이 있다.

이번 여행은 경주 하서항에서 읍천항까지 걸었다. 해안을 따라 하늘과 맞닿은 수평선을 바라보며 걷는 파도소리길은 장관이었다. 같이 동행한 대학 동창생들과 가족들 모두가 환호했다. 파도소리는 내 가슴에 묻어둔 깊은 상처들을 깨끗하게 치유해 주었다.

주상절리의 모양은 위로 솟은 것, 옆으로 기울어진 것, 누워 있는 것 등 여러 가지가 있다. 특히 부채꼴 모양은 전 세계에서 우리나라에만 있는 특이한 것이라고 안내되어 있었다. 그냥 지나치기가 아까워 사진으로 담아보았다. 마치 신부가 입은 드레스를 펼쳐 놓은 것 같았다. 부채살 사이로 바닷물이 살며시 들어 왔다 나갔다 하면서 주름진 아름다운 드레스를 시샘하는 듯 했다. 위로 우뚝 솟은 주상절리는 믿음직한 신랑이 그윽한 눈으로 예쁜 신부를 바라보고 있는 것만 같았다. 사랑이 듬뿍 담긴 부채꼴 주상절리는 내 마음도 들뜨게 해주었다. 읍천항 가는 길에 어촌 벽에 바다 속을 그려놓은 그림들도 정겹게 보였다. 예능기부로 젊은 화가들이 마을을 환하게 볼거리를 만들어 주었다.

아쉽지만 파도소리길을 떠나 몽돌해수욕장에 도착했다. 동글동글한 조약돌 위를 맨발로 걸었다. 친구들과 발바닥 지압을 한다며 춤도 추어보고, 누워서 하늘을 쳐다보고, 수평선도 보았다. 작은 고깃배들이 손을 흔들며 지나간다. 조약돌을 보며 큰 바위가 오랜 세월을 지나며 모진 풍파를 겪은 후 모나지 않은 작은 조약돌이 되기까지를 상상해 본다.

같이 간 친구들을 바라보니 대학 다닐 때 곱고 활기차던 젊은 모습이 사라져가고 있었다. 시나브로 노년기가 되어 주름 훈장을 모나지 않게 만들어가고 있는 모습은 안타까우면서도 아름답게 보였다. '친구들아 조약돌과 잔잔한 파도처럼 편안한 모습으로 살자' 하며 속삭여 본다.

파도소리길에선 주상절리를 보며 부채꼴의 연인을 만났고, 몽돌해수욕장에선 조약돌을 밟으며 세월의 흐름을 보았다. 멀리 수평선을 바라보며 밀려오는 파도 속에 나의 모든 걱정 근심도 다 버렸다. 이번 주상절리 파도 소리길 여행은 인생행로의 합창을 들은 귀한 여행이 되었다.

63빌딩

손주들과 함께 63빌딩을 찾았다. 수족관 안에 사람과 돌고래가 같이 쇼를 한다는 이야기를 들어 궁금했다. 동양의 하와이 일본 오키나와 츄라우미 수족관에서 정말 큰 가오리가 내 머리 위를 지나갔고, 호주 시드니에서의 거대한 수족관도 생각이 났다.

수족관에서 돌고래쇼를 한다고 하여 가족들과 함께 자리를 잡고 앉았다. 쇼를 재미있게 진행하려고 노력은 하고 있지만 일본과 호주의 수족관을 보아서 그런지 기대한 만큼 거대하게 느껴지지는 않았다. 손자는 재미있는지 핸드폰으로 사진도 찍고 수족관 앞까지 가서 유리를 손으로 만져보기도 했다. 그런대로 손주들과 재미있는 시간을 보내고 전망대로 향했다.

힘을 들이지 않고 높은 산에 오른 기분이었다. 전망대에서 나는 두 가지 경험을 했다. 하나는 아래서 보는 풍경과 완전히 다른 풍경을 보았다. 서울의 풍경이 정말 아름다웠다. 한강의 물줄기가 한 폭의 빼어난 그림이었다. 지나가는 기차 또한 만화영화의 한 장면 같았다. 전망대 유리창에 기대어 서울을 배경으로 사진을 찍는 연인들의 모습도 한 폭의 그림이다.

또 하나는 엘리베이터를 타고 위로 올라갈수록 아래쪽 하고 전혀 다른 새로운 시야, 넓은 세계가 펼쳐지며 내 마음도 새롭고 넓은 세상을 만난 것 같았다. '오늘 하루를 가족과 함께 아름다움을 나누며 보내고 있구나' 하는 생각을 하며 흐뭇했다. 전망대에 있는 아름다운 미술관도 내 마음의 시야를 넓혀 주었다. 사랑하는 사람에게 긍정의 씨앗을 뿌릴 수 있는 사랑의 쪽지가 한쪽 벽면을 모두 차지하며 가득 걸려 있는 것도 보기 좋았다. 항상 느끼고 살지만 하루하루를 소중하고 행복하게 살아가야 한다는 생각을 갖는 하루였다.

몇 년 전 여름 휴가로 중국의 상하이와 항주를 갔었다. 주가각과 신천지, 남경로 등 20년 전 상하이를 다녀왔을 때보다 많은 발전을 하였고 볼거리가 많았다. 특히 수백 미터 위에서 상하이 시가지 전경을 내려다 볼 수 있는 동방명주 타워는 정말 인상 깊었다. 전망대 바닥을 유리로 만들어 아래를 내려다보며 아찔한 경험을 하도록 설계한 덕분에 새로운 느낌도 맛보았다. 위에서 내려다보는 풍경은 어디서나 마찬가지로 후련함을 느끼게 한다.

이름난 높은 산의 정상들을 아직 가보진 못했다. 성지순례 때 높은 산 윗쪽에 자리한 봉정암, 사성암, 보리암, 향일암 등 많은 절은 다녀왔다. 올라가서 보면 부처님도 만나고, 항상 넓은 세계로 펼쳐지는 아름다운 풍경들을 보며 답답한 마음속을 정리하곤 했었다.

이번 손주들과의 63빌딩 여행은 소중한 하루를 느끼며 긍정의 삶을 살고 있는 나에게 서울을 다시 보게 하는 매우 행복한 날이었다.

높은 산에 올라가기 어려운 모든 분들에게 63빌딩 전망대를 꼭 가보시라고 권하고 싶다. 아름다움과 새롭고 넓은 세상이 보인다고.

5부

깨달음의 숲

고즈넉한 절 불일암과 송광사를 뒤로하고

아쉬운 마음으로 버스에 오르며

'많은 것을 배우고 갑니다. 모든 것이 고마운 날'

설악산 봉정암

새벽 한별을 보며 집을 나섰다. 동틀 무렵 백담사에 도착했다. 백담사 계곡은 푸르른 가을 하늘을 이고 마음의 길을 안내하듯 시원스럽게 뚫려 있다. 백담사에서 부처님께 인사하고 옆길로 봉정암을 향해 출발했다. 가는 길이 험하다고 하면서 남편이 등산지팡이를 사주었다. 도란도란 이야기를 나누며 시동생 부부와 우리 조 팀장님과 함께 등반을 시작했다.

부처님이 열어 주신 길을 다람쥐와 산새들과 같이 가는 가을 산행이라 발걸음이 더욱 가볍고 상쾌했다. 가는 도중 영시암에 들렀다. 보살님으로부터 삶은 감자 두 개를 선물 받았다. 따끈한 감자 껍질을 벗기며 먹는 맛이 별미였다. 팀장님이 만들어준 주먹밥도 꿀맛이었다. 많은 사람이 즐겁게 먹을 수 있도록 준비하시느라 얼마나 힘이 들었을까, 항상 웃으며 보시하는 그녀가 정말 살아 있는 부처님같이 느껴졌다.

백담산장에서 보았던 노부부를 산 중턱에서 만났다. 거사님은 앉아계시고 보살님은 머리가 어지럽고 앞이 안 보인다며 길가에 누워 계셨다. 힘없이 앉아 보살님을 살펴주고 있는 거사님께 남편이 상비약으로 가지고 갔던 우황청심환을 건네주며 보살님이 드시도록 했다. 우리는 노보살님이 빨리 쾌차하시기를 기도하면서 봉정암을 향해 발걸음을 재촉했다. 옥녀봉, 가야봉, 흰 여울 계곡 폭포와 빨간 옷을 갈아입은 단풍나무는 가을 햇살과 어울려 황홀하리만큼 장관이었다. 작은 새도 포롱거리며 우리를 반겼다.

하늘의 흰 구름도 한몫하며 등반하는 식구들 마음속에 가을의 정취로 예쁜 그림을 남겨 주었다. '목탁소리가 들려야 절일 거야' 하면서 전진 또 전진했다. 깔딱 고개와 절벽을 기어오르며 숨도 몰아쉬었다. 6시간 걸려 힘겹게 소청봉에 있는 봉정암에 도착했다. 땀을 닦으며 우리의 산행을 돌아보았다. 우리들의 삶 또한 이렇지 않을까 생각해본다. 산을 오르며 도착하기까지의 험한 길도 정진하는 삶의 탑이다.

대청봉과 소청봉을 등반한 등산객과 불자들에게 질서를 지켜달라고 방송이 나왔다. 이들은 미역국에 밥 한 덩어리, 오이 서너 조각으로 저녁 공양을 하며 무언가를 해낸 맑은 얼굴들이었다. 역시 절 인심은 후하다고 한마디씩 한다. 저녁이 되면서 비가 오니까 등산객들까지도 불편하지만, 절에서 하룻밤 잠자리를 같이하는 추억을 만들었다.

새벽에 일어나 부처님께 예불한 후 아침 공양을 했다.

봉정암은 부처님 진신사리가 봉안되어 있으므로 법당에 부처님을 모시지 않은 적멸보궁이다. 공양 간 앞마당에서 위를 올라다보니 부처님의 모습을 한 거대한 기암이 보였다. 아름다운 단풍과 어울린 기암은 전각들의 풍광을 더해 주었다. 적멸보궁 앞 바위에서 자라는 작은 소나무는, 이제는 이겨냈지만 힘들었던 내 삶에 펼쳐졌던 끈질긴 고통을 보는 듯했다.

가파른 계단을 걸어 올라가니 부처님 진신사리탑을 친견할 수 있었다. 전날 힘든 산행으로 무릎이 아파 걱정이었는데 절 공양을 하면서 신기하리만큼 몸이 가볍고 편안해졌다. 갑자기 저녁부터 쏟아지던 비는 아침이 되면서 더욱 세차게 자드락비가 되었다. 바람이 불어 비에 젖은 바위가 무척 미끄러워 우산 쓰기가 어려우므로, 우비를 입고 지팡이를 짚으며 절벽을 조심스럽게 내려왔다. 가장 가파른 깔딱고개를 내려오니 비가 그쳤다.

비가 그친 후 살며시 해가 나오듯이 힘든 삶은 언젠가는 지나가며 어둠은 누구에게나 찾아오는 삶의 과정이다. 바른 생각과 행동으로 한순간을 돌리고 나면 빛이 보이며 편안함이 찾아온다. 힘들게 내려오며 백담산장에 도착해 먹은 사발면은 정말 맛있었다. 사발 또한 내 마음이 담긴 큰 그릇이 되었다. 큰 그릇 속에다 아름답고 풍성한 봉정암에서 가을 선물로 받은 하루의 행복을 듬뿍 담았다.

남편과 계곡 물에 발을 담그며 서로를 흐뭇하게 바라보았다. 맑은 계곡 물에 빨간 단풍잎들이 속삭이고 있었다. 까치 두 마리가 따라오며 안내해 준 늘솔길로 내려오며 찬불가 「사박걸음으로 가오리다」를 불러본다.

욕지도의 관음불교 성지

봄이 무섭게 침몰했다. 세월호가 가라앉고 수많은 자녀들이 어른들 잘못 때문에 바다 속으로 갔다. 안타까운 일이다. 성지 순례로 여객선을 타고 욕지도에 있는 연화사에 간다고 해서 망설이다가 신청을 했지만 걱정이 되었다.

통영에 도착해 보니 여객터미널부터 '안전'이라는 팻말이 여기저기 보였다. 우선 남편, 딸, 친구와 같이 통영 김밥을 사먹었다. 김으로 말은 맨 밥과 오징어 볶음, 쫄깃한 단무지가 한 세트다. 충무에서 먹어본 김밥과 비슷했다. 배를 타기 전에 상가를 구경하며 TV를 보니까 세월호의 아픔이 계속 방영되고 있었다. 어른들의 이기심을 다시 한 번 느끼게 했다

승선시간이 되어 배를 타보니 등 뒤에 '안전'이라고 써 붙인 하얀 옷을 입은 안전요원들의 관리가 예전보다 철저했다. '소 잃고 외양간 고친다'는 속담처럼 수많은 인명 피해를 입고 난 후에야 무언가 안전하게 하려는 모습들이 걱정스럽게 보였다. 잔잔한 바닷물을 하얗게 가르며 달리는 여객선 위로 갈매기 무리도 신이 나서 따라

날랐다. 하늘과 바다를 어떻게 표현 해볼까, 하늘이 바다에 빠졌다고 할까, 아니면 넓은 바다는 엄마의 마음이라고 할까? 바다는 잠자는 듯 잔잔했다.

40분 정도 지나서 욕지도항에 도착하였다. 연화사는 항구와 가까이 있어 쉽게 부처님 성전에 도착했다. 스님께서 반가이 맞아 주시며 남해의 관음불교 성지로 많은 사랑을 받고 있는 절이라고 하셨다. 스님께서 법문으로 '관세음보살'을 천천히 큰소리로 10번을 소리 맞추어 발원하라고 하셨다. 회원들 모두 합장하고 정근을 하고나니 무언가 머리가 맑아지며 부처님 품 안에 안겨있음을 느낄 수 있었다.

점심 공양은 바닷바람 맞으며 자란 약간 억센 듯한 붉고 자줏빛 나는 작은 상추를 절에서 담근 된장으로 싸 먹었다. 무어라 표현할 수 없을 정도로 깔끔하면서 입에 와 닿는 귀한 공양이었다. 공양 후 스님께서 봉고차로 보덕암까지 안내해주시며 차 속에서 귀한 말씀도 해 주셨다. '연화'라는 이름의 사찰이 많은 이유는 불교를 배우고 성취한 결과의 세계인 '연화장세계', '정토세계'에 태어나기를 발원하기 때문이라고 하셨다 화엄경에서는 연꽃에서 출연한 청정한 세계를 '연화장세계'라 하고, 석가모니불의 진신인 비로자나불의 정토로 불린다고도 법문해 주셨다.

보덕암은 연화사의 말사로 바다와 어울려진 아름다운

경관이었다. 바다 위에 길고 웅장하게 큰 바위는 거북이의 형상을 하고 있었다. 옛부터 우리조상들은 거북이와 자라를 수명장수 한다하여 영물로 받들었다고 친정어머님께 들은 적이 있다. 보덕암 앞바다의 거북바위는 기도하는 이들에게 바라보기만 해도 건강을 선물하는 것 같았다. 거북바위를 바라보며 아래로 내려가니 바다를 향해 미소를 짓고 계시는 해수관음상이 있었다.

관세음보살님 앞에는 많은 신도들이 기도하는 모습이 보였다 나도 공양미를 사서 올리고 절을 했다. 3배를 하고 부처님 앞에 앉아 비원을 아뢰었다. 같이 간 딸도 무언가 눈을 감고 기도를 하고 있었다. 맑은 공기와 함께 내 마음은 파도로 출렁인다. 부서지고 밀려오는 바다는 하얗게 부서져 내리는 햇살과 함께 한 폭의 그림이다. 아름다운 보덕암을 뒤로 하고 시간을 당겨 삼덕항으로 향하는 배를 탔다. 조용한 바다는 부처님의 보살핌으로 큰 흔들림 없이 회원들의 기도와 함께 우리의 마음도 고요하게 해 주었다.

'관세음보살님 세월호로 멀리 간 우리의 인연들이 모두 극락왕생하게 해 주소서. 우리 가족, 회원들 모두도 관세음보살님의 가피 속에서 청정한 연꽃처럼 연화세계를 맛보게 해 주소서' 하고 기도했다. 또한 우리 마음은 겨울을 맞이한 강 같아서 자주 얼어붙습니다. 자비하신 부처님의 품 안에서 항상 따뜻한 마음을 열 수 있도록 가피 주소서.

사성암 약사여래불

전라남도 구례 사성암을 찾았다. 암자가 높은 곳에 있어서 마을버스를 타고서도 한참을 올라갔다. 버스에서 내려 매우 가파른 비탈길을 올라오니 큰 바위에 제비집처럼 매달려 있는 법당이 보였다.

사성암은 백제 시대에 연기조사가 창건하여 오산사라 하였다고 전해지고 있다. 그 뒤 신라의 원효 스님, 도선 스님, 고려의 진각국사, 의상 스님이 머물러 계시던 곳으로, 네 분의 고승을 기리기 위해 절 이름을 사성암으로 바꿔 불렀다고 한다. 음각마애불은 약사여래불로 원효 스님이 선정에 들어 손톱으로 그렸다고 한다. 중생의 병을 고치는 효험이 있어 무병장수를 기원하는 많은 중생들이 찾아와서 기도를 올리고 있었다.

몇년 전 소뇌에 종양이 있어 대학병원에서 수술을 권했다. 간단한 수술이면 용기를 내어 보겠는데 왼쪽 귀 위쪽 뇌를 열어야 한다고 했다. 무섭고 마음을 다스릴 수 없어 법주사 약사전을 찾았다. 밖에 내리는 빗소리와 함께 슬픈 마음을 부처님께 하소연하며 엉엉 큰 소리로 울었다. 한참 넋을 잃고 앉아 있다 보니 하늘나라에 계신 아버지가 보고 싶었다. 인자한 모습으로 '걱정하지 마라' 하시는 것 같았다. 이것이 부처님 연기법이고 인연법인가보다.

약사여래불은 정말 나에게 말로 표현할 수 없는 가피를 주셨다. 어느 날 앞이 보이지 않을 정도로 어지러웠다. 뇌종양 수술을 해야 할 시기가 된 것을 느낄 수 있었다. 수술이 겁이 나 가족들과 상의한 후 서울에 있는 큰 병원을 찾았었다. 신경외과 선생님이 지방대학병원에 없는 방사선으로 치료하는 새로운 기계가 도입되어 머리를 열지 않고 치료할 수 있다고 하시며 방사선 수술을 권하셨다.

감마나이프 수술을 하는 긴 시간 동안 계속 약사여래 부처님과 신중당에 계신 많은 불보살님들께 '화엄성중' 정근을 머릿속에 되뇌며 기도했다. 약사여래불 기도를 들으신 부처님이 그 병원에서 치료받도록 가피를 주시고 수술하는 동안 살펴주신 것 같다. 그 후 어느 절을 가던 약사여래 부처님이 계시면 '감사합니다. 덕분입니다' 하며 정성껏 절 공양을 한다. 사성암 부처님은 손톱으로 바위에 그리기에는 감히 생각할 수도 없는 웅장한 분이시었기에 남편과 함께 '약사여래불' 정근을 하며 온 가족의 건강을 발원했다.

법당을 나와 앞을 바라보니 굽이굽이 흐르는 섬진강과 보성강의 강줄기는 웅장한 자태를 자랑하는 지리산과 함께 어디서도 볼 수 없는 장관이었다. 가슴이 탁 트이며 마음이 힐링 되는 순간이었다. 자연의 오묘한 조화와 그 속에서 묘한 진성眞性을 깨닫고자 높은 암벽에다 부처님을 모신 원효 스님을 이해하는 시간도 되었다.

인간은 태어나면서 생로병사生老病死를 겪는다. 화엄경 행원품에 '사람이 임종할 때는 모든 근이 흩어져 망가지므로 친족들, 세력, 재물과 보물들이 따라오지 못한다. 원력만은 떠나지 않고 그를 인도하여, 극락세계에 왕생한다.'고 하였다. 일체중생은 본래부터 불성佛性을 갖추고 태어나고 살아가면서 탐貪,진瞋,치痴 삼독三毒으로 어려운 고뇌 속에서 헤매고 있다. 그러나 부처님의 가르침을 믿고 깨닫고 실천한다면 부처님의 경지에 성큼 다가갈 수 있다고 믿는다.

도선굴 산왕전을 지나 소원바위에 도착하니, 예쁜 나뭇잎 모양의 소원지가 준비되어 있었다. 비원을 적어 소원바위 옆에 걸어 놓고 합장 기도했다. 소원지를 품에 안고 있는 소원바위는 온기가 느껴지며 온화한 부처님의 음성이 들리는 듯 했다. 마음의 따뜻함을 간직하고 내려오다가 구례와 섬진강이 보이는 웅장한 귀목나무 앞에서 기념촬영도 했다.

사성암을 뒤로하고 원효 스님의 '약사여래불 정근'을 하며, 찬불가 '부처님께 귀의합니다.'를 마음속으로 곱씹어 본다.

깨달음의 숲

깨달음의 숲 조계산 송광사에 가는 날이다. 새벽부터 가슴이 부풀어 일찍 잠에서 깨었다. 부지런히 준비하고 나가니 모두 반갑게 인사하며 즐거운 표정이다. 송광사에 도착하니 안내해 주시는 스님이 송광사의 내력을 재미있고 자세하게 설명을 해주셨다. 1,200년 전 창건한 절이라 성스럽게 느껴지며 들어서는 순간부터 들떴던 마음이 차분해졌다.

스님들이 공부하시는 도량으로 큰스님을 열여섯 분이나 배출한 승보사찰이라 조용한 가운데 따뜻하고 밝은 빛이 감돌았다. 승보전에 계신 일천 이백 오십 분의 제자 부처님들은, 표정이 한 분 한 분 모두 다르며, 편안한 얼굴이었다. 대웅전에는 중생을 구제하시는 지장보살님, 지혜를 주시는 문수보살님, 행을 가르쳐 주시는 보현보살님, 일체중생의 고통을 나누어 주시는 관세음보살님이 계셨다. 또한 육바라밀 벽화에는 보시, 지계, 인욕, 정진, 선정, 지혜가 알기 쉽게 그려져 있었다.

항상 보시하는 마음으로 살아 보려고 친절하게 인연의 탑을 쌓아가는 나에겐 보고 또 보아도 좋은 벽화였다. 보시는 금전적으로 도움을 주는 것 이외에 만나는 인연을 편하고 밝게 대해주는 보시도 많다. “언니 고마워” 하는 예쁜 말, 내 자리 양보 등 생활에서 찾아보면 보시할 수 있는 길이 많다고 생각하며 육바라밀 벽화를 감사한 마음으로 보았다.

아난존자의 정진하시는 모습, 달마대사의 선정 가르침, 특히 해가대사가 달마대사에게서 깨달음을 얻었다는 법문 ‘불안한 마음을 가져오라’고 하신 말씀이 뇌리에서 사라지지 않고 깊숙이 자리잡고 있다. 불지경지에 달한 스님만 들어가실 수 있다는 ‘진여문’을 보니 청아하고 밝으며 강한 빛이 흐르는 것 같았다.

잠시 후 방장 스님께 3배를 드린 후 법문을 들었다. 방장 스님이 앉아계시는 뒤쪽 벽에 ‘목우가풍’이라는 글씨가 쓰여 있는 액자가 내 눈에 확연히 들어왔다. ‘목우가풍’은 1,200년 전 큰 불사를 일으키신 보조 스님의 사상이라고 설명해주셨다. ‘목우’란 소를 치는 일을 말하며, 마음을 다스리는 일을 소를 치는 일에 비유하여 이야기한 법문이다. 법문하시는 동안 스님의 얼굴에는 밝은 미소가 가득하며 광채가 났다. 지금도 송광사에 처음으로 입문하는 출가수행자는 ‘목우가풍’을 암송한다고 한다.

법문을 들은 후 조계산 오솔길을 따라 대나무 숲을 지나 법정 스님이 계시던 ‘불일암’에 가 보았다. 깨끗하게 다듬어진 자연정원은 부처님 품 안처럼 따뜻하게 느껴지며 같이 간 회원들의 얼굴 또한 모든 오욕과 탐심을 버린 밝은 표정이 되었다. 불일암 작은 마루 앞에서 탁 트인 앞산을 바라보고 있노라니 찬불가 나옹선사가 작사하신 「청산은 나를 보고」가 생각이 났다. '청산은 나를 보고 말없이 살라 하고 창공은 나를 보고 티 없이 살라 하네. 탐욕도 다 버리고 오욕도 다 버리고 달 같이 구름 같이 살다가 가라 하네!'가 그것이다. 불일암에 계시던 법정 스님과 정말 어울리는 노래이다.

스님이 사시던 작은 방과 쪽마루 앞에 있는 낡은 나무 의자와 작은 항아리도 법정 스님의 정갈하고 맑은 얼굴을 떠올리게 했다. 쪽마루 앞 작은 항아리 뚜껑에 맑은 물이 담겨 있어 누군가가 일부러 띄워놓은 듯 바람에 날아온 나뭇잎이 노래하며 우리를 맞이했다.

고즈넉한 절 불일암과 송광사를 뒤로하고 아쉬운 마음으로 버스에 오르며 '많은 것을 배우고 갑니다. 모든 것이 고마운 날' 하며 속삭여 본다.

정동진과 월정사

정동진에 도착했다. 새벽녘이라 그런지 약간은 쌀쌀했다. 가랑비가 촉촉이 얄밉게 내린다. 정동진에서 바라보는 동해는 참으로 시원해 보이며, 바람 소리와 함께 들려오는 우렁찬 파도 소리는 힘찬 오케스트라로 내게 다가왔다.

「모래시계」라는 드라마의 촬영지였던 곳이라 「모래시계」에 관련된 것들이 무척 많았다. 기념품 가게에서 모래시계를 몇 개 샀다. 탤런트 이름이 쓰여 있는 가게 팻말이 보였다. 예전에 재미있게 본 드라마가 떠올라 마치 주인공처럼 걸어 보았다. 한참 걷다 보니 바다를 바라보고 정답게 앉아 있는 연인들이 한 폭의 그림으로 다가왔다. 한쪽에선 개구쟁이처럼 뛰어다니는 대학생들도 눈에 띄었다. 나도 그들 속에서 한층 젊어진 것 같았다.

파도는 내 마음을 아는 듯 가까이 다가온다. 모든 번뇌를 씻어주며 답답한 가슴 속에 시원한 그림을 그려준다. 해수욕장 가까이에 있는 정동진역도 동화 속의 정거장으로 눈에 들어온다. 가랑비가 안개 속에서 실비가 되어 내리며 내 마음을 씻어준다. 아쉽기는 하지만 정동진을 뒤로하고 오대산 월정사로 향했다.

오대산은 숲이 깊고 산자락이 부드러워 어머니의 품속처럼 편안하고 아늑하다. 월정사는 번뇌의 바다를 떠나 오대산의 정기가 모인 곳에 전나무 숲에 쌓여있는 고즈넉한 사찰이다. 아름다운 전나무 숲은 S자로 마치 달팽이관처럼 굽어 있다. 전나무의 곧음과 푸름은 깨달음의 숲으로 전해지며 승가의 얼이 숨겨져 있다고 한다. 굽이치는 길가엔 알싸한 꽃바람이 분다. 작은 풀꽃들이 포근하면서도 강인함을 보이며 걷는 이의 심장을 뛰게 한다. 아름다운 숲길의 끝은 고요한 산사로 이어진다. 월정대가람月精大伽藍 이란 현판이 일주문을 지키고 있었다.

신라 때부터 자장율사, 한암, 탄허 스님에 이르기까지 많은 선지식이 머물던 곳이라 관광객들이 찾는 곳이다. 일주문에 들어오니 팔각구층석탑이 보였다. 고려 초기 석탑을 대표한다고 안내되어 있었다. 석탑 앞에는 기도하는 보살상이 오랜 세월을 같이 하고 있었다. 탑돌이를 하며 무어라 설명하기 어려운 전율이 흘러내렸다.

노년기에 접어든 나, 작은 것에 만족하며 살고 있나 생각해 본다. 좋아하는 음악을 항상 접할 수 있고 맛난 음식과 진한 커피까지, 나를 행복하게 하는 것이 정말 많다. 법당에 들어가 부처님 전에 공양미를 올리고 감사의 기도를 했다. '나에게 원만한 가정을 이루도록 이끌어 주신 부처님! 예쁜 딸과 귀한 아들, 며느리, 손자, 손녀를 주시고 착한 남편과 인연을 맺게 해 주셔서 고맙습니다. 부처님께 기도드리고 절 공양을 할 때마다 미소로써 대답해 주시는 부처님! 제 마음은 항상 부처님 곁에서 행복하답니다. 자비로운 그 손길 베풀어 주소서!', 두 손 모아 발원하니 머리가 맑아지고 하늘을 나는 가벼운 마음이 되었다.

불교용품을 파는 곳이 있어 법정 스님의 『새들이 떠나간 숲은 적막하다』라는 책을 사며 편안한 마음이 되었다. 예쁜 찻잔도 사고 현대판으로 지어진 찻집에서 오미자차도 마셨다. 아쉬움을 절 마당에 내려놓고 일주문을 나섰다.

고요 속에 흐르는 적막감이랄까 목탁 소리와 함께 불자들의 소원 담은 염불 소리만 들린다. 새들도 찬불가를 부르며 나와 동행해 주었다. 이번 여행은 번뇌를 껴안아 준 정동진, 전나무 숲길과 함께 부처님 품 안에서 해탈의 기쁨을 맛보았다. '나무 석가모니불.'

그림 같은 미황사

전남 해남 끝 마을 달마산에 있는 미황사를 찾았다. 항상 부처님 곁에서 참마음眞心을 같이하는 여고 동창생들과 남편, 딸과 정답게 이야기하며 걸었다. 바다처럼 푸른 하늘과 우뚝 솟은 달마산의 거대한 바위와 1만 불의 부처님을 닮은 바위들이 눈에 들어왔다. 아름다워 한 폭의 거대한 산수화를 보는 듯했다. 달마산 아래 대웅보전의 팔작지붕도 춤을 추며 우리를 반겼다.

주지 스님 말씀에 의하면 신라 경덕왕 때 어느 날 돌로 만든 배가 달마산 아래에 있는 포구에 닿았는데, 배 안에서 범패소리가 들려 근처에 있던 어부가 살피러 가니 배는 멀어져 갔다고 한다. 이 말을 들은 의조화상이 다른 스님들과 포구로 가보았다. 금인金人이 노를 젓고 있었다. 그날 밤 의조화상 꿈에 금인金人이 나타나 "이곳 달마산 꼭대기에 1만 불이 나타나 이곳에 부처님을 모시러 왔소" 하며 소에 불경과 불상을 싣고 가다가 소가 움직이지 않고 누우면 그 자리에 부처님을 모셔 달라고 했다.

꿈에서 깬 의조화상이 소와 같이 걸었다. 지금의 미황

사 자리에 소가 미美하며 아름다운 울음소리와 함께 쓰러졌다고 한다. 그래서 소의 울음소리 미美와 금인金人이 입고 있던 누런 황금 옷의 빛깔을 따서 미황사라고 이름을 지었다고 한다. 재미있게 꿈이 현실이 된 사찰의 설명을 듣는 회원들과 스님은 부처님 품안에서 한마음이 되었다. 조용한 가운데 스님께서 대웅전 대들보와 서까래를 가리키며 무엇이 있나 찾아보라고 하셨다. 오래된 절이라 모두 쳐다보기만 하고 조용했다.

대웅전 천장에는 "옴 마니 반 메 훔"의 '옴'자와 부귀영화를 표현한 모란, 고고한 자태의 연꽃이 있었다. 대들보와 석가래에는 부처님이 그려져 있었다. 스님께서 1,000분의 부처님이 계시다고 하셨다. 다들 놀라 자세히 보니 1,000불이 그려져 있었다. 어떻게 정교하게 그려 놓았는지 모두 감탄했다. 스님께서 대웅전에서 세 번만 절을 해도 삼천 배가 된다고 웃으면서 이야기해 주셨다. 많은 절을 성지순례로 다녀왔지만, 천장까지 단청으로 부처님을 모신 절은 없었다. 불심을 떠나 신라 시대의 값진 문화재라는 생각에 눈이 천장으로만 갔다.

예불하는 동안 무언가 공중에 떠 있는 것 같은 기분이었다. 무심無心 무념無念을 체험한 시간이었다. 손에 쥐고 있는 염주도 부처님 품안이라 차분하게 내 마음을 정리해 주었다. 예불이 끝난 후 절에서 정성껏 준비해주신 점심 공양은 정갈하고 맛있었다. 공양 시간 또한 회원들과 함께 참마음眞心을 갖게 해주는 귀한 시간이 되었다.

시나브로 산사는 가을 잔치가 한창이다. 서정주 시인의 표현처럼, '초록이 지쳐 단풍이 드는'것일까? 가을 속으로 들어가 본다. 화단에는 노란 국화와 자주색 국화가 향기로 말하며 가을을 노래한다 '한 송이 국화꽃을 피우기 위해 봄부터 소쩍새는 그렇게 울었나 보다'가 떠오르며 잠시 서정주 시인과 함께하는 시간을 갖게 해준다.

국화가 지고 나면 겨울이 온다. 내 삶을 돌아본다. 봄, 여름, 가을, 겨울의 계절이 순간순간 변하며 오듯이 내 곁에도 많은 일이 소중한 인연들과 함께 지나간다. 제행무상諸行無常을 생각케 한다. 모든 것은 변하며 영원한 것은 없다. 가을 단풍과 어울린 달마산과 미황사를 배경으로 여기저기서 사진 찍느라 분주한 모습 또한 한 폭의 그림이다. 우리 가족도, 여고 동창생들도 사진을 찍으며 추억을 만들었다.

아쉽지만 미황사를 뒤로하고 남편과 손을 잡고 돌계단을 내려오면서 진심眞心 참마음을 같이 하며 합장했다. 항상 부처님 곁에 같이하는 회원들이 있어 행복하다. '우리 모두 성불 합시다.'

며느리밥풀꽃과 제행무상

쌀안개가 내렸다. 안개는 맑은 날의 징조다. 가을철 날이 맑으면 풍년이 든다고 한다. 추석 연휴라 가족끼리 상당산성을 등산하기로 했다. 남문 주차장에는 가족 단위 등산객들이 많이 보였다. 넓은 잔디밭을 보니 마음이 편해진다. 소나무들이 울창하게 당당히 서 있다. 숲속에서는 까치와 참새, 이름 모를 새들이 함께 트리오로 연주하고 있었다.

길옆 과수원에는 빨간 사과가 주렁주렁 매달려 있었다.'가을밭에 가면 가난한 친정 가는 것보다 낫다'는 옛어른들의 말씀이 생각난다. 성곽을 따라 산을 올랐다. 등산로는 성벽을 따라 걸을 수 있고, 살짝 안으로 들어가면 숲 그늘을 따라 걸을 수도 있었다. 남편과 딸아이는 가볍게 걸으며 밝은 얼굴이었다. 쉼터가 있어 준비해 간 과일도 먹었다. 걷다 보니 진분홍색의 앙증맞은 작은 야생화가 많이 눈에 띄었다. 남편이 이 꽃의 유래에 관해 설명해 주었다. '며느리밥풀'이라는 꽃으로 슬픈 이야기가 숨겨져 있었다.

옛날 어느 가난한 집의 며느리가 제사를 지내기 위하

여 제삿밥을 푸다가 밥풀 두 개를 떨어뜨렸다. 그 밥풀이 아까워 얼른 집어 먹었다. 그것을 본 시아버지가 며느리를 꾸짖었다. 시집살이와 가난을 이기지 못한 며느리는 제사를 끝낸 후 힘없이 저승으로 갔다. 이듬해 무덤에 분홍색의 이름 모를 작은 꽃이 피었다. 꽃잎 속에는 하얀 밥풀 두 개가 들어 있었다. 후대 사람들이 이 꽃 이름을 '며느리밥풀'이라고 이름 지었다고 한다.

안타까운 꽃을 보며 가난을 안고 살림했던 며느리가 상상이 된다. 작은 꽃이 가난을 알려주는 것 같다. 갓 시집온 새신부처럼 고개 숙인 꽃은 앙증스럽긴 하나 힘이 없어 보였다. 가련한 며느리가 불교의 윤회사상으로 인자하고 부유한 시아버지가 계신 집에 다시 태어났으면 하는 생각을 해보았다. '며느리는 문서 없는 종이다'라는 옛말을 들은 적이 있다. 며느리의 시집살이는 '종'이나 마찬가지라는 뜻이다. 연지 곤지 찍고 온 예쁜 며느리를 종처럼 부리다니 정말 슬픈 이야기다.

요즘 시대는 다르다. '아들이 결혼만 했으면 소원이 없겠다'는 부모들이 점점 늘어간다. 며느리가 아닌 시어머니가 손주들을 돌보며 아들 부부 눈치를 보며 살기도 한다. 결혼해도 부부만 즐기고 살뿐, 자녀를 낳을 생각을 하지 않는 젊은이들이 정말 많다. 칠순을 향해 가는 우리 세대들은 손주만 안겨주면 감사한 마음으로 며느리를 대한다. 그 옛날 시집살이는 이미 먼 나라 이야기가 되었다.

내 며느리는 밝고 환하게 잘 웃는 어진 성품을 지녔다. 그래서 우리 부부의 사랑을 듬뿍 받고 있다. 시부모에게 친정 부모처럼 가끔 투정도 부리며 귀엽게 다가온다. 안부전화는 물론이고 손주들을 데리고 오면 같이 시부모에게 절을 한다. 절을 받는 남편의 흐뭇한 모습과 손주들, 아들 부부의 모습이 집안을 환하게 밝혀 준다.

양성평등을 외치는 젊은 여성들이 부럽기도 하다. 노년기의 삶을 사는 우리 세대는 며느리라는 위치에서 갈등을 안고 살았다. 부처님 법문 열반경사구게에 있는 '제행무상諸行無常 모든 것은 변한다'를 떠올려 본다. 아무리 세상이 변해도 결혼을 하면 며느리는 설레임과 두려움을 갖고 길러주신 부모님 곁을 떠나온다. 생활하는데 어려움이 없게 사랑으로 대해주어야 한다. 온 가족이 서로를 이해하며 행복한 가정을 이루어야겠다.

정말 미안하구나

"해피야! 우리 해피 못 보셨어요? 하얀 강아지인데요." 이른 아침 울면서 뛰어다니는 여학생을 보았다. 슬피 울며 안타깝게 개를 찾는 엄마와 딸을 보며 옛 생각이 났다.

결혼 후 2년 만에 작은 집을 장만했다. 시동생이 못난이 강아지 한 마리를 선물하며 '치와와'라고 했다. 몸에는 살이 하나도 없고 눈은 튀어나오고 털이 없는 못난이였다. 시동생이 가자마자 만지기도 싫은 못생긴 강아지여서 개집에 넣어두었다. 그 날은 날씨가 몹시 추웠다. 다음 날 아침을 먹고 밥을 주려고 보니, 튀어나온 큰 눈을 감고 있었다. '치와와'는 추위에 약해서 방에서 키우는 개인데 밖에다 두어 변을 당한 것이다. 주인을 잘못 만난 강아지에게 '미안하구나, 좋은 곳으로 가거라' 하며 머리를 쓰다듬어 주었다.

윤회사상을 주장하는 불교에서는 개도 극락에 갈 수 있다고 한다. 광명진언光明眞言, '옴 아모가 바이로차나 마하무드라 마니 파드마 즈바라 프라바를 타야훔'을 합장하며 게송으로 발원해 주었다. 못난이 치와와는 좋은 곳에 있으리라 믿고 싶다. 치와와를 가련하게 보내며 강아지 선물이 들어와도 받지 않고 더 이상의 슬픈 일을 만들지 않겠다고 생각하며 우울한 마음을 삭였다. 3년 정도 지난 후 집도 지키고, 아들이 강아지라면 너무 좋아해서 남편이 똥개 한 마리를 사왔다. 강아지 이름을 '메리'라고 지었다. 정을 주니 잘 자랐다. 볼품없는 개이지만 꼬리를 흔들며 우리 집에 없어서는 안 될 귀염둥이가 되었다.

그러던 어느 날 동사무소에서 쥐약을 놓으라고 나누어 주었다. 80년대는 쥐가 눈에 뜨일 정도로 많았다. 쥐는 페스트균을 옮기므로 전염병을 예방하기 위해 정부에서 쥐잡기 캠페인을 할 때다. 우리 집은 쥐약을 놓지 않았는데도 다른 곳에서 약을 먹은 쥐가 개집 앞에 쓰러져 있었다. 죽은 쥐를 치우기 전에 '메리'가 그 쥐를 핥았는지 거품을 쏟으며 쓰러졌다. 하릴없는 일이었다. 수업을 마치고 교무실에 있는데 딸아이가 전화했다. 집으로 달려와 보니 여섯 살 아들이 옆집 아저씨가 비눗물을 먹이고 토하게 하면 살아날 수 있다고 하여 메리의 입을 벌리고 먹였다고 하면서 엉엉 울었다.

다음 날 아침에 일어나니 아들과 딸이 "엄마 메리가 살아났어요" 하며 신나게 뛰어다녔다. 신기하게도 먹은 비눗물을 토하고 살아났다. 그런데 한 달 정도 지난 후에도 회복하지 못하고 혀가 마비되고 목에 이상이 생겼는지 짖지를 못했다. 지금 생각해보면 동물병원으로 메리를 데리고 갔으면 목이 나아 짖을 수 있지 않았을까?' 후회가 된다. 사람도 아닌 개를 병원에 데리고 간다는 생각은 대부분 하지 않던 시절이었다. 메리는 얼마나 답답하고 눈물이 나왔을까 생각된다. 미안하고 안타깝다. 말 못하는 짐승이라고 '시간이 가면 좋아지겠지'하며 쉽게 처리한 나 자신이 부끄럽다.

사람이 부주의로 독성이 강한 약물을 먹었다고 해보자. 바로 119구급차가 달려와 응급실로 갔을 것이다. 위를 세척한 후 몸속의 독극물을 제거하고 가족들의 걱정 속에서 치료했을 것이다. 완쾌되지 않고 언어장애가 왔다면 장애인 등급을 받고, 사회복지법에 따라 많은 주변의 도움 속에서 살아갈 것이다. 그 이후 지금까지 개와 인연이 닿지 않는다고 생각되며 기르지 않는다.

얼마 전 아파트 엘리베이터 문이 열리면서 예쁜 개 한 마리가 쏜살같이 달려 나와 문 앞에 서 있던 사람들이 놀라며 소리를 질렀다. 개 주인은 미안한 기색도 없이 개를 부르며 뛰어갔다. 요즈음은 개에게 예방주사를 놓아주고 옷은 필수품, 귀여운 신발까지 준비해주며 애견을 안고 자식처럼 대해주는 시대가 되었다. 애견을 장난감 인형으로 생각하는 일은 없어야 한다. 아파트에서 기르려고 성대 수술을 하는 일 또한 강아지에게는 슬픈 일이다. 내가 기르던 메리처럼 사고로 벙어리가 되어도 안타까운데 인형처럼 데리고 놀려고 짖지 못하게 하는 수술은 해서는 안 된다.

강아지도 생명체인데 생각하며 아파트에서 장난감처럼 여기며 안고 다니는 애견을 보면 애잔한 생각이 든다. 황혼기가 되니 지난날을 떠올리며, 길에서 떠돌아다니는 개를 보면 더욱 안타깝고 주인을 찾아 주고 싶다. 치와와, 메리야, 정말 미안하구나.

견성성불見性成佛 직지심체요절

직지 강의를 듣기로 했다. 속리산 법주사 강원에 계시는 철운 스님이 부처님을 노란 셔츠 입은 사나이, 목석 같은 사나이로 표현하며 재미있게 강의를 시작하셨다.

직지에 관계된 공무원들, 불자들, 직지에 관심이 있는 많은 분들과 6개월간 부처님의 말씀으로 이루어진 강의를 들었다. 『직지심체요절』은 청주 흥덕사에서 금속활자로 찍어 낸 불경으로 상하 두 권으로 되어 있다. 상권은 아직 찾지 못했고, 하권은 소중하고 귀한 책이라 프랑스 국립도서관 단독 금고에 보관되어 있다고 말씀하셨다. 『직지심체요절』하권을 발견하신 분은 얼마 전에 돌아가신 박병선할머니셨다. 그 후 '직지 찾기 운동' '직지 오페라 공연' 등으로 온 국민이 관심을 끌게 되며 세계기록유산 유네스코에 등재도 되었다.

직지는 고려 말 백운선사가 성불산 성불사에서『직지심체요절』을 집필하셨다고 한다. 백운 스님이 입적하시고 스님의 시자인 성찬, 달잠 스님이 비구니 요덕 스님의 시주를 받아 흥덕사에서 금속활자로 간행했다고 말씀해 주셨다. 직지直指'정직하게 가르친다. 바로 알고 가르친다는 뜻이라고 하셨다. 강의를 시작한 날 시장님이 간행 사를 쓰시고 조계종 총무원장이 발간사를 쓰신 『직지』라는 책을 받았다.

책에는 과거 7불 '비바시불, 시기불, 비사부불, 구류손불, 구나함모니불, 가섭불, 석가모니불 및 서천西天, 인도 북쪽의 조사들과 중국의 조사들 164분들에 관한 이야기가 기록되어 있었다. 우리가 잘 아는 석가모니불은 현겁의 네 번째 부처님인데 보리수나무 아래서 새벽녘 동쪽의 별을 보고 깨달음을 얻으셨다는 내용이 게송으로 실려 있었다. 또 서산대사는 닭 울음소리를 듣고 깨달음을 얻으셨다고 한다. 달마대사의 가르침과 달마대사의 스승인 반야다라조사는 '숨 쉬는 것이 겁이니라' 라고 하셨고, 승찬대사는 '부처님과 우리는 둘이 아니다'라는 가르침을 주셨다고 했다.

강의 도중 스님들은 옷을 꿰매지 못하고 찹쌀풀로 붙여 입었는데 비를 맞으면 옷이 다 떨어져 비 맞은 중 이야기가 나왔다고 하시며, 지루하지 않고 재미있게 조사, 선사의 가르침을 설명하셨다. 천복승고선사는 '불법을 배우려 하지 말며, 오직 스스로 무심하여야 한다. 10년을 넘어도 해탈치 못하면 내가 그대들을 대신하여 발설拔舌지옥에라도 들어가겠다'라고 하며, 고덕의 게송과 함께 '직지심체요절'의 끝을 맺었다.

강의를 들으면서 이 귀한 말씀이 담겨 있는 직지는 우

리의 보물이므로 꼭 찾아야 되겠다는 생각을 더욱 갖게 되었다. 프랑스는 구텐베르크의 축제를 열어 세계적으로 많은 관광객을 모이게 한다. 축제에서는 재미있는 볼거리와 함께 구텐베르크 인쇄술의 역사를 자랑하고 있다. 우리도 청주에서 직지 축제를 열고 있긴 하지만 더 많은 관심 속에서 세계적인 축제로 자랑스러운 우리의 인쇄술을 알리며 우리의 귀중한 문화유산인 직지의 반환운동도 지속해서 전개하여 우리의 품으로 꼭 돌아오도록 힘써야겠다.

집이나 토지를 소유한 사람은 등기 문서를 소중하게 여긴다. 고이 간직하여 후손에게 물려주려고 잘 보관한다. 우리의 재산인 『직지』도 국력이므로 모두가 주인의식을 가져야 한다. 프랑스 국립도서관 금고 속에 갇혀있는 『직지』 또한 고향인 대한민국을 찾아오고 싶겠다는 생각이 든다. 어디선가 무관심 속에 있을 상권을 관심을 두고 찾아야 한다.

흥덕사에서 프랑스 구텐베르크보다 200여 년 앞선 13세기에 우리나라에서 이미 금속활자로 책을 찍어냈다는 설명을 들으며 직지는 책을 귀하게 여기고 좋아하는 모든 이들과 나가서는 온 국민의 가슴 벅찬 자랑거리라고 생각했다. 초,중,고 학생들도 수학여행 체험학습으로 흥덕사지 고인쇄박물관을 찾아 인쇄체험을 하며 직지에 대한 긍지와 자부심을 느끼도록 해야 한다.

철운 스님의 강의는 직지에 대한 나의 많은 궁금증을 풀어 주었다. 직지를 대하며 '선용기심善用其心'마음을 착하게 써라와 '직지인심 견성성불直指人心 見性成佛' 사람의 마음을 바로 보고 그 본성을 본다면 부처가 된다를 마음속으로 되새겨 보며, 귀한 역사의 보물 『직지심체요절』찾기를 합장 발원한다.

내가 주인공이다

스피치 강의 첫 수업 날 강사 선생님이 들어오셨다. '서울구경' 가락에 노랫말을 바꾸어 손뼉을 치며 발도 구르고 율동도 곁들여 재미있게 가르쳐 주셨다. 분위기가 편해져서 우리 모두 웃고 있을 때 하얀 백지를 한 장씩 나누어 주셨다. 그리고 활짝 웃으시며 '내가 주인공인 자랑스러운 일'들을 20가지씩 써 보라고 하셨다. 잠시 침묵이 흘렀다.

첫째, 예쁜 딸, 멋진 아들을 낳은 나. 둘째, 가족을 위해 맛있는 요리를 하는 나. 예쁜 목소리를 가진 나. 드라마를 좋아하는 단순한 나. 긍정적인 성격으로 편하게 사는 나. 등등 사회의 일원인 여성이기에, 주부이기에, 엄마이기에, 생각나는 일들을 자랑스럽게 적어 보았다.

강의실을 돌아보던 선생님께서 깜짝 놀라시며 다른 수강생들을 위해 읽어달라고 하셨다. 머뭇거리다가 일어서서 읽기 시작했다. 찌그러진 그릇도 삐뚤어진 나무도 그 나름대로 쓸모가 있다는 내용으로 나 자신을 사랑하자는 이야기를 해서 많은 박수로 격려를 받았다. 우리가 불량하다고 생각하는 사람도 그의 내면에는 착하고 성실함이 있어 삶의 주인공이 될 수 있다고 했다.

모두 살아가는 과정에서 여주인공인 우리의 장점이 많다고 하면서 다른 수강생들도 신나게 20가지씩을 써 놓았다. 강의 시간에 발표하는 딸 같은 수강생, 동생 같은 수강생들이 쏟아내는 많은 사연, 걱정 근심이 없는 사람이 없었다. 여자들이 제일 싫어하는 말이 있다. '여자가 집에서 밥이나 해 먹지'라는 말이다. 어느 날 중형 자가용과 간단한 접촉 사고가 났다. 험악한 얼굴로 기사가 나오더니 여자를 무시하는 말을 쏟아냈다. 속상해서 나만의 잘못이 아니고 상대방 잘못이 더 크다고 하며 언성이 높아졌다. 잠시 후 양쪽 보험회사 직원들이 나와서 쌍방으로 해결이 되었다.

12년의 초등교사 생활 시절에도 확실한 교육관과 가치관으로 나름대로 알찬 교육을 했었다. 퇴임 후 30년 동안 좋아하는 피아노와 창작 동요를 가르치며 음악학원을 운영하고 있다. 자라나는 꼬마 음악인들과 친절한 예쁜 여선생님으로 주인공이 되어 사는 삶 또한 누구에게도 자랑하고 싶은 행복이다. 여성은 세밀함과 따뜻함을 지니고 있어 지혜와 좋은 아이디어로 밝은 사회를 만들고 풍요로운 삶을 살게 하는 환한 등불이라고 생각한다. 시대의 흐름 속에서의 여성의 아름다움과 친절, 가치관이 살아가는데 장점이 된다.

언젠가 청주시 평생학습관 강당에서 열린 가족 요제

를 심사한 적이 있다. 시부모님 친정 부모님과 온 가족들이 나와서 집안의 기둥인 엄마를 중심으로 부르는 하모니는 정말 아름다운 소리였다. 주부는 가정은 물론 아름다운 사회를 만드는 꽃이라는 생각을 하면서 심사를 했었다. 인생의 꽃이 활짝 먼저 핀 모습을 보며 '나는 왜 꽃이 피지 않지?'라고 할 필요는 없다. 꽃이 피는 시기는 모두 다르기 때문에 기다리다보면 누구나 아름다운 꽃을 피울 수 있다.

또한, 소중한 존재는 누구도 대신 할 수는 없다. 여성으로서의 감각, 생각, 사랑은 아무도 흉내 낼 수 없기 때문이다. 나는 황혼기에 들어선 여성으로서의 장점을 살려 학원을 운영하면서 인생의 주인공이 된 삶을 살기 위해 항상 정진하며 생활하고 있다. 화엄경의 핵심 법문 '일체유심조一切唯心造, 즉 모든 일은 마음먹기에 달렸다.'로 마음을 정리해 보며 '맑게 깨어나는 사람은 하루를 맑게 지낸다.'하는 어느 스님의 법문을 깊이 새겨본다.

아침의 첫 마음과 말이 그 사람의 하루 생활의 방향을 결정한다고 생각한다. 가족의 건강을 지키는 식단, 학원 운영의 효율적인 방안, 가치관 확립을 통한 주변 인연들과의 사랑, 나의 건강을 지키는 운동 등, 하루를 소중하게 보낸다. 언제나 자랑스러운 내가 주인공.

구름을 벗어난 달처럼

초판 1쇄 발행 / 2017년 11월 6일

지은이 김숙영
펴낸이 윤형두
펴낸데 범우사

등록번호 제406-2003-000048호
등록일자 1966년 8월 3일
주소 (10881) 경기도 파주시 광인사길 9-13 (문발동)
전화 031)955-6900~4, 팩스 031)955-6905

잘못된 책은 바꾸어 드립니다. 교정·편집 : 김영석
ISBN 978-89-08-12429-5 03810
홈페이지 www.bumwoosa.co.kr
이메일 bumwoosa1966@naver.com